皮膚常在菌《ひふじょうざいきん》ビューティー！

肌育成スペシャリスト
川上愛子

ワニブックス

はじめに

私たちは皮膚常在菌《ひふじょうざいきん》を飼《か》っている

あなたは菌と聞いて、どんなイメージをお持ちですか？

乳酸菌、酵母菌といったおいしそうなイメージの菌もありますが、どちらかというと、大腸菌、ボツリヌス菌、サルモネラ菌、結核菌などなど、聞いただけで「うっ」となりそうな、こわ～いイメージをお持ちではありませんか？

でも、本書を手にしていただいたからには、ぜひ、そんな菌に対するイメージを一新してください！　なぜなら、菌は私たちが生きていくのに不可欠な大切な存在であり、彼らと仲良くしていくといいことがいっぱいあるからです。

最近は「腸活」ブームで、「腸内細菌」にスポットが当たることが多くなりましたが、美しくありたい女性にさらに注目してほしいのが、本書の主役、「皮膚常在菌」。

ここ数年、菌に関する研究が進み、目に見えない彼らが、私たちの美しさと健康に大きく貢献をしてくれていることがわかってきています。

本書ではその代表的な3種類、善玉菌の「表皮《ひょうひ》ブドウ球菌《きゅうきん》」、日和見《ひよりみ》菌の「アクネ菌」、悪玉菌の「黄色《おうしょく》ブドウ球菌《きゅうきん》」の働きについて、主に紹介します。

彼らの活動しだいで、私たちの肌がしっとりうるおったり、反対にニキビができたり、乾燥したりと、日々のお肌のコンディションに大きく影響しています。

そしてそんな彼ら自身も、私たちのライフスタイルによって、元気になって数が増えたり、弱ってしまったりと、日々サバイバルを繰り返しています。

そう。私たちと菌とは、持ちつ持たれつの深〜い関係。それなのに、やれ除菌だ、清潔だと、菌を目の敵にしていませんか？　あるいは、知らず知らずのうちに彼らを弱らせてしまうようなことをしていませんか？

菌は、この地球上でもっとも原始的な生き物。つまり私たちの超大先輩です。その先輩方と共生することで、私たち人間も生きていくことができます。どんなにすばらしい高級化粧品を使っても、彼らの存在を無視して好き勝手してしまったらその効果は半減どころか、逆効果になってしまうことさえあるのです。

どうしたら菌たちと良い関係になって、菌の恩恵をたっぷり受けられるのか。本書では菌たちをキャラクターにした漫画を交え、解説していきたいと思います。

ようこそ、めくるめく皮膚常在菌のセカイへ！

― CHARACTERS ―

本書に登場する「菌」と「人」

皮膚常在菌たち

日和見菌《ひよりみ》

アクネ菌

あっくん

ふだんは良い子なのに、
環境によって性格が激変!

ふだんは肌を弱酸性に保ったり、保湿成分を作ったりする良い子だが、毛穴が詰まると性格が豹変してニキビを作る。

善玉菌

表《ひょう》皮《ひ》ブドウ球《きゅう》菌《きん》

ヒョウくん

善玉菌の代表!
弱酸性が大好き♡

私たちの皮脂や汗を、脂肪酸やグリセリンなどのうるおい成分に変えてくれる皮膚常仕菌。肌を弱酸性に保ち、悪玉菌の繁殖を防ぐ。

本書に登場する「菌」と「人」

皮膚常在菌を飼う宿主《やどぬし》の人間たち

美容大好き!

カサ子

美容雑誌『UP to Girl』編集者・28歳。最新美容テクを駆使しているのに混合肌でメイクノリが悪いのが悩み。

ずぼら女子

ツヤ子

デザイナー・28歳。美容ズボラで顔すら洗わないこともあるのに肌はきれい。趣味は温泉めぐりと睡眠をむさぼること。

黄色《おうしょく》ブドウ球菌《きゅうきん》

おうちゃん

荒れた肌で大暴れ!
悪玉菌代表

弱酸性の環境は苦手だが、アルカリに傾くととたんに元気になる悪玉菌。荒れた肌、切り傷などで増え、膿《うみ》やかゆみを引き起こす。

その他悪玉菌たち

水虫を起こす白癬菌、傷口を化膿させる緑膿菌、腸だけでなく皮膚にもいる大腸菌など。

CONTENTS

CONTENTS

本誌掲載商品の問い合わせ先

ヴィセラ・ジャパン	☎ 03-6433-5571
ウェリナ	☎ 0120-300-035
ヴェルジェ	☎ 0120-46-4970
エストインターナショナル	☎ 048-442-8688
N&O Life	☎ 03-5772-1105
銀座ステファニー化粧品	☎ 0120-389-720
CORES	☎ 03-4580-9929
資生堂インターナショナル	☎ 0120-81-4710
THREE	☎ 0120-898-003
第一三共ヘルスケア	☎ 0120-337-336
田嶋酒造	☎ 0776-36-3385
DICライフテック	☎ 0120-32-8172
DHC	☎ 0120-333-906
外池酒造店	☎ 0120-72-0001
ノエビアお客さまサービス室	☎ 0120-401-001
ピー・エス・インターナショナル	☎ 03-5484-3483
ピューリティ	☎ 03-5772-2284
福光屋	☎ 0120-003-076
フローフシ	☎ 0120-963-277
マークスアンドウェブ	www.marksandweb.com
マードゥレクス	☎ 0120-43-7108
マイスター	☎ 0120-833-083
森永乳業	☎ 0120-369-744
ロート製薬	☎ 06-6758-1272

※本書掲載商品の価格はすべて税抜き表記です。

CHAPTER

1

皮膚常在菌のキホン

ようやく興味を持ってくれたようでうれしいです
人間と菌は切っても切れない関係
お互い理解を深め良い関係を築きたいですよね

— STORY 1 —

まずは
キホンから

皮膚常在菌って、なんだ？

ガラ
ん～～～
よし！今日も畑仕事がんばるぞ！
僕の名前は「ヒョウ」表皮ブドウ球菌だ このヒフ寮で仲間たちと暮らしている
僕の毎日はけっこう忙しい

おっ！
今日は水（汗）も
栄養（皮脂）も
たっぷりだぞ
宿主《やどぬし》さん昨日は
早めに寝たんだな
僕たちが住んでいるのは
宿主である人間の顔の皮膚のなか
この畑は
宿主さんの
肌なんだ
僕は毎日この畑で
グリセリンや脂肪酸を作って
大事な土（宿主さんの肌）が
しっとりうるおうよう
がんばっている
だけどそんな僕らの
努力を知らない宿主さんは
やりたい放題
あんまり好き放題していると
真面目な僕たちも
仕事放棄してどこかに
行ってしまうよ
そうなったら
大変なことに
なるんだからね

ちなみにこのカオ町立ヒフ寮には僕ら表皮ブドウ球菌以外に2種類の菌が住んでいる
ヒョウくんおかえり〜
畑どうだった?
まずは日和見《ひよりみ》菌のあっくん(アクネ菌)
今日はバッチリ
そっかーよかったね
ちょっといいかげんだけど僕の仕事を手伝ってくれるかわいいやつだ
そしてもう1人は——
宿主のやつ昨日は十分な睡眠を取りやがったな
まったく最悪なコンディションだ
悪玉菌のおうちゃん(黄色ブドウ球菌)

人体常在菌の数は100兆（体内含む）
顔だけだと10億くらいかな
善玉・日和見・悪玉の割合は表皮ブドウ球菌と日和見菌がそれぞれ5割弱悪玉菌が約1割
ヒト県アタマ市カオ町立ヒフ寮 寮生の割合
調子が悪くてなによりだよ
君は元気になるとすぐ僕の畑を荒らすからね
なんだと?
この前君がバイクで荒らした畑を元どおりにするのにどれだけ時間がかかったと思ってるんだ
君にとってのバッドコンディションはこの世界の平和だよ

フン
せいぜいがんばれよ
どうせすぐまた
この宿主は
睡眠不足になったり
ストレス溜めたりするのさ
気が合わない人が
いるのは人間界も
菌界もおんなじ
似たような人
ばかりじゃ
つまんないもんね～
僕は2人とも
好きだよ♡
バチバチバチバチ
こんな僕たちが
気ままな宿主さんに
振り回されながら
一生懸命生きていく
ミクロ大河ロマン
いよいよ
始まりです！
ヒト県アタマ市
カオ町立ヒフ寮

私たちは菌とともに暮らしている。
細菌、ウイルス、雑菌……どう違う？

一般的に、人間にとって良い働きをしてくれる菌を「善玉菌」、害を及ぼす菌を「悪玉菌」、環境によって人体にとって良くも悪くもなる菌を「日和見菌」と呼んでいます。

ただ、菌は推定150万種もいると言われ、私たちが知っている菌はまだまだほんのわずか。**人の体をすみかとする「人体常在菌」だけを見ても数100種類、数でいうと推定数10兆〜100兆の菌が私たち一人ひとりの体に棲んでいると言われます。**人の体全体を構成する細胞の数（推定60兆個）よりもずっと多くの菌が、腸や皮膚、口のなか、生殖器などに棲んでいるのです。なかでも多くの菌が生息するのが腸で、重さにして1・3㎏もの菌を、私たちは腸のなかに飼っています。

つまり、人体は菌にとっての巨大マンション。酸素が好きな菌、嫌いな菌、好きな栄養などによって、それぞれの菌が私たちの体の好きな場所にコロニー（フローラといいます）を作って棲み分けているのです。

そんな彼らは、生き物ですから、栄養を吸収して排泄物を排出しています。その活動が、私たち人間にとって、悪い菌やウイルスをやっつけてくれる「免疫機能」になったり、食べ物を人が吸収しやすい形に変えてくれたり、反対に、病原菌となる物質を作ったりと、さながら大自然のような、複雑でダイナミックな営みをしています。

人の体は、口から肛門まで1本の管が通っている「ちくわ構造」。口から食べ物を取り入れると、一見、体内に取り込んだように見えますが、実は、胃や腸といった消化管は、人体の〝外側〟とも言えます。食べ物はその消化管を通過する間に細かく分解され、やっと体内に吸収することができます。**細菌は、消化管や皮膚という〝人体の外側〟にたくさん棲み着いて、食べ物を分解するのを手伝ったり、悪い菌が侵入・増殖したりするのを防ぐ、優秀なボディガードの役割を果たしてくれている**のです。

ちなみに、同じ微生物でも、自分だけで繁殖できるのが細菌、他人の細胞に入り込んで寄生することで増殖するのがウイルス。カビの仲間を真菌といいます。

参考資料：http://www.kahaku.go.jp/userguide/hotnews/theme.php?id=0001418975582886&p=2
http://www.jchm.jp/humanFloraMap.pdf
http://www.naoru.com/jouzaikin2.html

― STORY 2 ―

僕たちの
好きな環境

皮膚に棲《す》む、
知っておくべき3大常在菌

僕は
酸素がたっぷりで
弱酸性の環境が
大好きだ！
最高ーーー！
ガチャ
うわっ
酸素多すぎぃ
ちょっとでいいのに
む〜
まぁいいや
毛穴の皮脂《ひし》風呂に
浸かってゆっくりしよ〜
あっくんは
あまり酸素が
好きじゃないので
ああ見えて
けっこう引きこもり
がちだ

はーー
気持ちいいい〜
おーーぃ
あっくん
皮脂風呂もいいけど
僕の仕事もちょっと
手伝って
くれないか？
いいよ〜
じゃあ僕はここで
うるおい物質
作るね
ありがとう
あっくんは決して
働き者ではないけど
彼なりに僕の力に
なってくれる
脂肪酸
グリセリン
やっかいなのは
おうちゃんだ
彼と僕が
好きな環境は
真逆なのだ
こんなところが
かわいくてにくめない
ううっ……
なんだか具合が
悪くなってきた
フラ
フラ
これは
もしや……

カオ町が弱酸性からアルカリ性に傾いてきている!!
おおーーーっ! 力がみなぎってきたぁーーー!!
ゴオオーー
お…おうちゃん落ち着いて…
ヨロ ヨロ
宿主 睡眠不足グッジョブ!!
久々に暴れるぜーーーっ!!
ドドドドド
ヒャッハーー!
ドド ドドド
ま…待てそっちは畑…
ハァハァ

ド
ドドドド
ああ…
手塩にかけた畑が…
……
ん?
あっくん!?
やっほーー

べー
あっ
ヒョウくーーん
おうちゃんに
誘われて
おもしろそうだから
ついてきちゃった～
あはは～
ドドドドドド
そう…
フラ
これが
僕たちの日常
気まぐれな
あっくんを
取り合って
ガク
僕と
おうちゃんが
いつも小競り合いを
繰り返している
ただ僕には
わかってるんだ
おうちゃんだって
ふだんはそんなに
悪いやつって
わけじゃない
環境が…
環境が彼を
荒れさせて
しまうんだって
その環境を
作っているのが
宿主さん
あなた
ですよ！
ご協力
しっかり
お願いしますね！

「あの人肌きれい！」は『あの菌』が居心地良い肌のことだった

表皮ブドウ球菌のヒョウくん。アクネ菌のあっくん。黄色ブドウ球菌のおうちゃん。私たちのお肌の調子を左右する、皮膚常在菌の代表選手です。

ヒョウくんは、酸素がある環境が好き（好気性）な菌。皮膚の表面に棲み、私たちが分泌する皮脂や汗を分解して保湿成分グリセリン[※1]を作り出し、肌をツヤツヤにしたり、脂肪酸《しぼうさん》を分泌して肌を弱酸性に保ってくれています。これが「弱酸性バリア（皮脂膜）」となり、ウイルスや雑菌が人体に入り込むのを防ぐ、第一関門となるのです。

アクネ菌のあっくんは、ニキビを作ることで有名な菌。酸素が嫌い（嫌気性）なので毛穴にひそみ、ふだんは大人しく、ヒョウくんと同じく皮脂をエサにしてグリセリ

※１　グリセリンとは、油を加水分解したときに脂肪酸とともに作られる甘みと粘り気のある液体。保湿剤として化粧品、医薬品等に使われたり、食品に添加されたりする。

ンなどの天然保湿成分を作り出し、美肌に貢献してくれています。しかし、皮脂が過剰に分泌され毛穴が詰まると増殖してリパーゼという酵素を生み出し、この酵素が皮脂を遊離脂肪酸《ゆうりしぼうさん》※2に分解することで炎症を引き起こしてニキビとなるのです。

そしてもっとも怖いのが黄色ブドウ球菌のおうちゃん。おうちゃんは、肌の弱酸性バリアが弱まったときに勢力を伸ばしてくる悪玉菌。皮膚だけでなく体内に入り込んで毒素を撒き散らし、肺炎などの重篤な病気を引き起こしたりもする、どうにもこうにも困ったやつです。皮膚では、手荒れや傷口で繁殖して化膿させたり、皮膚の角層を壊してカサカサに乾燥させたりします。それなら、殺菌や除菌をしておうちゃんを撃退したくなるところですが、そうするとヒョウくんやあっくんも倒してしまうことに。**善玉のヒョウくんが元気なら悪玉菌は悪さができないので、おうちゃんを退治するより、ヒョウくんが元気になる環境を作ったほうが、肌のためには良いのです。**

ただ、ヒョウくんは、どんなに増えても皮膚常在菌全体で50％程度が限界。菌の社会も人間社会と同じで、いろいろな個性を持った菌がバランス良くいることで、平和が保たれるのです。

※2　脂肪酸とは油を作っている基本的な成分。体内の脂肪が分解され、血液中に放出されたものを遊離脂肪酸といい、エネルギーの源となる。

— STORY 3 —

のぞいてみよう!

表皮ブドウ球菌くんの日常

そう
植物と動物の関係のように！
パーッ
酸素 O_2
二酸化炭素 CO_2
植物は動物が作り出す二酸化炭素を使って酸素を作る
そして動物はその酸素を取り込みまた二酸化炭素を作る
酸素 O_2
二酸化炭素 CO_2
同じように僕たちも人間が作り出すものを吸収・分解して新しいものを作り
それをまた人間が利用しています
ド
それを皮膚でいちばん熱心に行っているのが
ン
他でもないこの僕!!
僕の仕事は脂肪酸やグリセリンを作ってうるおいを保ち
肌全体に弱酸性のバリアを張って病原菌の侵入を防ぐという専門的かつ重大なもの
このバリアがしっかりとしていれば黄色ブドウ球菌のおうちゃんや緑膿菌カンジタ菌などの悪玉菌たちは暴れることはできません
悪玉菌

僕は自分で言うのもなんだけどいわゆる優等生タイプ
24時間休みなく働いて弱酸性バリアをキープしている
我ながらちょっと働きすぎかもね
ただそれも素材があればの話
皮脂や汗といった宿主さんが提供してくれる素材がなければ
働きたくても働けない
それどころかこんなに働き者の僕を
宿主さんが洗い流してしまうことも…！
くっ…
ギャアァァァ
FACE WASH
そんなこんなで僕がどんなにがんばっても皮膚常在菌全体のなかで50%まで増えればいいほう
その他のいろいろな菌と協力したり闘ったりしながら生きているのが僕たち
ワァァァァァァ
ヒューヒュー
言ってみればあなたの健康と美容になくてはならない縁の下の力持ちってとこかな？
これからもよろしく!!
ちなみに──
宿主さんが年を取るにつれ皮脂や汗や角質などの
僕たちの大好物が減っていくんだ
それすなわちうるおいがなくなるということ
大人女子は要注意！

すっかりヒーロー気取りだな
面白くねえ
みんなヒョウくんの本当の怖さ知らないからね
ワーワー
………
あれは30年前――
ヒョウくんが内臓に紛れ込んでしまったときのこと
ここはどこだ……?
ナイゾウ町?
そーだよー
どうして僕がこんなところに!?
畑もないこんな町で僕はどうすればいいんだ
どうすれば…どう…
ブチッ
どうするもこうするもねぇもうヤケだ!
こんな世界めちゃくちゃにしてやる〜〜〜!!
皮膚にいるときは真面目で働き者なヒョウくんもところ変わればハメを外してしまうのだった――
手術時のカテーテルなどにヒョウくんがつくと院内感染を引き起こして手がつけられなくなるんだよ〜
コワーイ

— STORY 4 —

陣取り合戦だ！

弱酸性パラダイスがアルカリ性デスシティに!?

ああ
気持ちいいなぁ
土は弾力があって
うるおってるし
水分も皮脂も
たっぷり
ここは
弱酸性ベールに
包まれた天国だ
どうかこの平和が
続きますように
ん？
このニオイ
は……
プ〜〜ン…
人間界
あ〜〜〜
よく寝た
やっと
休み
だわ
と いうわけで
今日は1日ストレス解消の
おこもり肌育《はだいく》DAYよっ
まずはこの最新の
洗顔料で
皮脂を根こそぎ
オフ!!
FACE WASH
洗顔料
僕たちの
宿主だよ
カサ子（28歳）
カニブックスの美容雑誌
『UP to Girl』編集者
多忙な毎日にお疲れ気味
カサつきがちなお肌に
時間もお金もかける
美容オタク
通常の
洗顔料の多くは
アルカリ性です！
モコ
ああぁ…
アルカリの泡が
弱酸性ベールを
破壊していく…
モコ
ギャーーーッ
モコ
モコ

最近くすみがちだから
ターンオーバーを
促さないとね
久々にピーリングも
しちゃお♡
あんなにうるおって
ふかふかだった土が…
ああ…
うっ…
んー
毛穴も気になる
わね～
パックも
しとくか
もう
やめてくれ～
うう…
もうダメだ…
よう
いいザマ
だな！
あやうく
やられっぱなしに
なるとこだったが
宿主はどうやら
俺の味方だった
ようだぜ
こうなったら
とことん荒らして
やるよ！

あばよ！
ブオン
ま…
待て…
さーて
この間にテレビの
録画も消費
しなくちゃ！
ドドドドッ
ギャー――ッ
災害級のスキンケアだけでなく
ポテチまで食べる気かっ!!?
ポテトチップ
potato chips
チ〜ン
WIN!
ジャンクフード
ばかり食べて
便秘になると
腸から栄養を
吸収できなくなって
肌荒れを引き起こし
ちゃうよ〜
翌日――
ツルーン
うふふ
肌がキュッキュとして
生まれ変わった感じ
ちょっと
ヒリヒリしてるけど…
ファンデは
皮脂吸着タイプで
崩れ知らずよ♡
毎日のお手入れ
またがんばら
なくっちゃ！
お願いだから
やめて…
僕の大好物の
皮脂を…
皮脂をください…
うっうっ…

美肌なのか、乾燥肌か、テカリ肌か違いは『肌のpH』だった

健康的な肌は、酸を含んだ皮脂のベールで覆われ、弱酸性[※3]に保たれています。いわば、天然の保湿成分がいきわたって肌全体がしっとりとうるおった状態。pHでいうと4・5〜5・5くらいで、これよりもpHが大きくなると中性からアルカリ性に、小さくなると強酸性に近づき、どちらも刺激が強すぎて肌トラブルを引き起こしてしまいます。

皮膚に炎症を起こす菌や病原菌は、酸性の環境を嫌うので、肌が弱酸性に保たれていれば人体に入り込むことはできません。ところが、弱酸性の環境を保ってくれる表皮ブドウ球菌を洗い流してしまったり、彼らのエサとなる皮脂や汗が足りないと肌はあっという間にアルカリ性に。

※3　皮膚常在菌が皮脂を分解して作り出した脂肪酸の作用によって、皮膚のpHが弱酸性になることで、雑菌の増殖を抑えて肌を健康な状態に保つ。

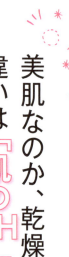

アルカリ性の環境は、黄色ブドウ球菌などの悪玉菌やアクネ菌が好む環境なので、それらの菌が繁殖しやすくなり、さらにアルカリに傾いていきます。すると、皮脂膜が壊れ、角層の水分が蒸発して肌がカサカサになったり、かゆみや炎症の原因に。

一方、皮脂が多すぎても、今度は皮脂の量に対して水分（汗）が足りず、表皮ブドウ球菌が酸性に戻しきれずに、アルカリに傾きます。そのため、肌が部分的に乾燥したり、テカリ肌になったりと混合肌になる場合が多いのです。汗は、メイクが崩れたりニオイが気になるなどで嫌われがちですが、抗菌ペプチドという抗菌成分を含んでおり、アルカリを好む菌を殺しつつ表皮ブドウ球菌のエサになって肌を弱酸性に戻してくれるので、実はとても重要な働きをしているのです。

肌がアルカリに傾くのはどんなときかというと、消毒や洗浄などで常在菌を取りすぎてしまったときと、睡眠不足、運動不足、栄養の偏りなどで皮脂や汗が分泌できないとき。つまり、最大の敵はストレスです。同じ理由で、生理前後で自律神経が乱れているときも、肌のpHバランスが崩れがちです。ですから、しっかりと休んで体のなかから良い分泌をすることが、もっとも効果的な美肌作りにつながります。

アルカリ性に傾いてしまう
カサカサ女子の台無し美容

ヒョウくん、あっくん、おうちゃんといった皮膚常在菌たちのバランスがお肌のコンディションにどれほど大切なのか、おわかりいただけたのではないでしょうか。

冒頭で、「皮膚常在菌の働きを無視したら、どんなに高級な化粧品も無意味」とお話ししたのもそういうこと。スキンケアというと、洗顔に始まり、化粧水、乳液、美容液、クリーム、パック、マッサージ、クレンジング、日焼け止め、などなど、代表的な工程だけでも数多くありますし、これに用途別・年齢別のお手入れやプロによるケアなども組み合わせると数限りない手法があります。どれも、若々しく美しい肌を手に入れるためにみなさんががんばって行っていることなのですが、**やりすぎると、ヒョ**

※4　拭き取り化粧水は、界面活性剤を使用し、さっぱりとした使用感を追求しているものが多いので、皮脂を取りすぎてしまう場合があり、育菌的には△です。

ウくんのごはんを取り去ってしまったり、ヒョウくん自身を死滅させてしまったりして、いっそうのトラブルの引き金になることも。肌にトラブルを抱えている人ほど手をかけるので、さらなる肌荒れを起こすという悪循環になるのですね。

たとえば、ダブル洗顔。拭き取り化粧水[※4]で一気に菌と油分を取り去ったあとに洗顔料でダメ押しすることで善玉菌も根こそぎ退治。そのあとで皮脂吸着パウダー[※5]入りのファンデーションを塗ったら、もう、皮膚はカラカラになってヒョウくんが復活できず、乾燥肌や脂性肌を引き起こすおうちゃんの天下になってしまいます。

さらに、化粧品を長く肌にのせていればいるほど、含まれている油が酸化して過酸化脂質などを発生させます。それらは皮膚に影響をおよぼしシミや色素沈着を引き起こす原因になることも。

よく、美しい女優さんが、どんな美容をしているのですか? と聞かれて「何もしていません」と言いますが、あれはあながち嘘ではない、ということ。良かれと思ってしているケアが逆効果にならないよう、皮膚常在菌と弱酸性バリアというキーワードは、くれぐれも忘れないようにしてほしいのです。

※5　テカリや化粧崩れを防止する皮脂吸着パウダーは、必要な皮脂まで取りすぎてしまうことと、落ちにくいので強力なクレンジングが必要になる場合があり、注意が必要。

— STORY 5 —

のぞいてみよう！

アクネ菌くんと黄色ブドウ球菌くんの日常

わあっ!
ザ
バ
皮脂があふれて止まんない!
どうなってんの!?
ザバ
ザバ
わ〜〜っドアも開かないっ!!
ガタ
ガタ
誰かァーー!
なにこれ超ウケる〜〜
あははははは!
みょわ〜〜〜〜
もうどうにでもなれ〜〜〜〜!
ワラ
リパーゼ(酵素)
リパーゼ(酵素)
ワラ
ワラ

きゃははは
リパーゼ
ガッ
やっちゃえ~~~
モヤ
モヤ
モヤ
モヤ
モヤ
モヤァ
はー 今日も働いたぞ
…ん?
ギョ
ヒト県アタマ市
カオ町立ヒフ寮
遊離脂肪酸が大量発生してる!
しまった あっくんか!?

ガッ
ガシャァァン
きゃはははは！
リパーゼ（酵素）
リパーゼ（酵素）
！
ビシュッ
ヒョウく〜〜ん
毛穴のお風呂場に
閉じ込められて
こんなんなっちゃった
毛穴入口
あのドア
建てつけが
悪かったからな…
…にしても
寮がボロボロ…
派手に
やりすぎだよ
あっくん…
好きな環境では
おとなしい良い子だが
苦しくなると大暴れして
ニキビを作りまくる
そんな二面性のある
あっくんなのだった
ハッ
畑…！

コラーーッ!!
イエー
うへー
カタブツがきちまった
白癬《はくせん》菌
緑膿《りょくのう》菌
せっかく久々にパーティしてたのによ〜
ジャマすんなよ
畑でやるんじゃない!
つーかヒョウさん調子悪そうっすね〜
ぐっ…
ニヤリ
宿主のやつ最近アルカリ性化粧水にこってるもんな
おかげでこっちは絶好調!
今のうちに俺たちの縄張りを広げさせてもらうぜ!
荒らせ荒らせ〜
やっちまえ!!

あ…あっちもこっちも大変なことに…
なんとかしなきゃ…
ザッ
だけどアルカリすぎて力が出ないよ…
モヤ
モヤ
ヒト県アタマ市
カオ町立ヒフ寮
モヤ
あ〜〜さっきはびっくりしたぁ
なんだかまだ呼吸が苦しいよ〜
ハッ
寮を壊しちゃったから怖いものがいっぱい入ってくるようになったし…
どうしよう〜〜
皮膚の弱酸性バリアが壊れてアルカリ性に傾くと
異物や菌が入ってきて毛穴がつまりやすくなるんだぜ
がんばれヒョウくん！
いつかまた君の天下がやってくるその日までひたすら仲間を増やし続けるんだ———!!
い…いったん退却…
ヨロ
ヨロ

アクネ菌、豹変。彼らが「大人ニキビ」を作る条件とは

日和見菌のあっくん（アクネ菌）は、酸素が苦手で皮脂が大好き。そのためいつも毛穴に潜り込んで、皮脂のなかに漂っています。そして、ヒョウくんと同様に皮脂からグリセリンや脂肪酸を作り出し、美肌に一役買ってくれています。

と、ここまではいいのですが、「日和見菌」というだけあって、環境の変化によっては一気に恐ろしいキャラに豹変する二面性があるのも、あっくんの特徴。

その変化というのは、**毛穴の入り口近くの角質が変化して毛穴にフタをされてしまい、皮脂が詰まってしまうこと。**この状態になるとアクネ菌は毛穴のなかで爆発的に増殖し、リパーゼという酵素を撒き散らし、そのリパーゼによって皮脂が遊離脂肪酸

という刺激物質となって、炎症、つまりニキビを引き起こすのです。

このように、きっかけは毛穴にフタがされてしまうことですが、そのそもそもの原因は、やはり肌がアルカリ性に傾いてしまっていること。皮脂や汗の分泌バランスが崩れてヒョウくんがうまく活動できず、弱酸性バリアが壊れて肌が荒れてしまっていることが原因です。

ニキビは、脂性肌になるとできやすいことから、ニキビができると一生懸命洗顔して皮脂を洗い流している方も多いと思います。ところが、洗いすぎてキュッキュしている肌は、弱酸性バリアが壊れ、吹きっさらしの状態。すると黄色ブドウ球菌のおうちゃんが増殖してアルカリ性に傾き、肌が荒れ、さらにニキビの原因を作ってしまうことになります。

ニキビは、市販の治療薬や洗顔料もたくさん出ているのですが、殺菌効果の高い治療薬はアクネ菌を殺すだけでなく表皮ブドウ球菌も殺してしまいますし、洗顔料は肌をアルカリ性にすることから、その効果は一過性のもの。いちばん良い予防法は、お風呂や運動でヒョウくんが大好きな汗をしっかりかき、皮脂を分解してもらって、天然の保湿成分で肌を弱酸性バリアで守ってもらうことなのです。

「乾燥肌」「敏感肌」をまねく黄色ブドウ球菌との付き合い方

黄色ブドウ球菌を一言で表現するなら、「ヤンキー」（笑）。表皮ブドウ球菌が整えてくれている弱酸性バリア（皮脂膜）を荒らし、白癬菌※6や緑膿菌といった悪玉菌だけでなく、日和見菌のあっくんまで調子にのらせていっしょに悪さをする親玉なので、絶対に図に乗らせてはダメな菌です。ただし、彼がいることでもっと極悪な菌が入ってこられず、皮膚界の必要悪とも言えるので、そんなところがさらにヤンキーっぽいのですね。

黄色ブドウ球菌は、肌が弱酸性バリアで守られているときは大して悪いことはできないのですが、切り傷などのじゅくじゅくしたところを見つけると、「ここいけそう

※6　皮膚にいる悪玉菌には、他に、炎症を起こすレンサ球菌、頭皮のフケやかゆみの原因となりアトピー性皮膚炎を悪化させるマラセチア、肛門周辺にいる大腸菌などがある。

だぞ!」とわーっと寄ってきます。そして体液をエサに繁殖し、黄色い膿を作って傷を化膿させてしまいます。ただし、彼がいると、傷口からほかの悪い菌が入ってこられなくなりますし、黄色ブドウ球菌自体は、ペニシリン(抗生物質)で簡単に死なせられるので、案外私たちの役に立っているということもできるかもしれません。

何度もお伝えしているように、黄色ブドウ球菌は、弱酸性バリアの壊れたアルカリ性の環境を好みます。**運動不足やホルモンバランスの崩れなどにより皮脂や汗が足りなくなると、表皮ブドウ球菌が弱って肌が乾燥してきます。すると、乾燥した肌でも動ける黄色ブドウ球菌が繁殖し、肌表面から角層に入り込んでかゆみや湿疹を引き起こします。**アトピー性皮膚炎で皮膚に掻き傷のある人は、黄色ブドウ球菌の保有率が高いと言われています。彼らを調子にのせないためには、肌を保湿したり、加湿器などで空気自体を乾燥させないことが有効。皮膚にかゆみのある人は、コットン素材のカーディガンをはおるだけでも、保湿効果があります。

もう一つ気をつけてほしいのは、黄色ブドウ球菌が作る毒素が、食中毒を引き起こす場合があるということ。手に傷があるときは素手で食品に触らない、調理中は髪に触れない(髪は雑菌が繁殖しやすいため)などに注意しましょう。

COLUMN 1

風邪などの菌も表皮ブドウ球菌が跳ね返している！

私たちの肌をしっとりプルプルに保ってくれているヒョウくん。

でも、彼の働きはそれだけじゃあないんです！

彼らが作り出す弱酸性ベール（皮脂膜）は、風邪などの病原菌も防いでくれているって、ご存知でしたか？

おうちゃんが酸性環境が苦手なように、たいていの病原菌やウイルスも酸性の環境が得意ではありません。ですから、肌が皮脂膜に覆われて弱酸性になっていれば、肌に付着できずにそのままサヨウナラ〜とどこかにいってしまいます。ところが皮脂膜がないと、肌は中性〜アルカリ性になっているので、手や顔などに付着し、それが鼻や口から体内に侵入して、感染してしまうというわけなのです。

最近はよく、公共施設や飲食店のトイレに、ハンドソープといっしょに消毒液を置いてあるのを見かけます。当然、手を清潔にして感染を防ぎましょうということなのですが、それらを使うと、病原菌だけでなく、弱酸性の環境を作ってくれる大切な表皮ブドウ球菌も洗い流してしまいます。手は1日に何度も洗うので、そのたびに滅菌していたら弱酸性ベールはすっかりはがれ、私たちの肌は、素っ裸で「病原菌ウェルカム！」と叫んでいるような状態に。感染を防ぐはずが、逆に感染しやすい状態を作り出すことになっているので、洗いすぎ・消毒のしすぎにはくれぐれも注意してください。

免疫研究で有名な医学博士・藤田紘一郎先生は、※手洗いは、流水で10秒間流すだけで十分と言っています。トイレのあとも水だけでOK。たとえ大腸菌が手についていても、流水で流せば落ちていくそうです。先生は、食事の前も水だけで洗うとのこと。実際に、石けんを使って洗わなくなったら風邪を引かなくなった、という人もいます。ちなみに鼻毛も、切らないほうが風邪は引きにくいそう。私たちの清潔志向、ちょっと度を越してしまっているのかもしれません。

※ http://president.jp/articles/-/24208

CHAPTER

2

美肌菌の増やし方

昨日あんなにお手入れしたのにもうカサカサ
なんで私ってこんなに乾燥肌なのよ…

— STORY 6 —

のぞいてみよう!

美肌菌を喜ばす「ツヤ子」の24時間

カニブックス『UP to Girl』編集部——
ハァ〜〜〜
昨日あんなにお手入れしたのにもうカサカサ
なんで私ってこんなに乾燥肌なのよ…
もぉ〜〜
化粧水オンリーで保湿すると水分が蒸発してさらに乾燥しちゃいますよ!
カサ子さんこんにちは!
打ち合わせ11時からでしたよねっ

こんにちは
ツヤ子ちゃん
今日はギリギリ
セーフよ
よかった〜
この前大遅刻
しちゃったから
今日はがんばって
走りました!
あー汗かいた
疲れが溜まってたのか
寝過ごしそうになって
顔も洗わず来ちゃい
ましたよ〜
ハハハ
なんです
とーー!?
美容雑誌の
デザイナーが
そんなズボラ
かまして…
そんなんじゃ
顔ベタベタで
吹き出物も…
ピカーー
うっ
まぶしいっ
むしろ私より
調子良さそう
じゃないの
ちょっと
ツヤ子ちゃん
あなた一体
どんな生活
してるのよ!?
ガラッ
え?
私ですか?
あまり大きな
声では言え
ませんけど…

ツヤ子の24時間
まず朝の洗顔は泡立てるのがめんどくさいんで
洗顔料なしでぬるま湯で洗ってます
バシャ
バシャ
で乳液をちょちょいとつけたら…
家で仕事をすることが多いのでメイクはせずに日焼け止めだけ軽く塗ります
お湯で落ちるやつ！
SUN CUT
朝ごはんを食べたら近所を早足で軽くウォーキング
帰って軽くシャワーを浴びてから仕事
であっという間にお昼
ランチの定番はレンジでチンするパックごはんと納豆と生卵！
仕事が詰まっているときはこれが最強！
レンジでごはん
男前ね…

そしてまた午後はガリガリ仕事して―
打ち合わせがあるときは駅までダッシュ
帰りは1駅手前で降りてガシガシ歩いて帰宅することもあります
家で仕事をしてるときはつい眠くなって15分ほど昼寝することもあるかな～
昼寝…
お腹がすいてくるので3時のおやつは欠かしません!
ホットココアがベスト
仕事が終わったら疲れてなんにもしたくないので夜ごはんは近所の定食屋さんにGO

お魚のおいしい
お店なので
焼魚定食か
煮魚定食が
私の定番
あったかーい
お味噌汁も
欠かさずに!
いただき
まーーす
帰宅したら
お風呂タイム
湯船にゆっくり
浸かります
お風呂から出たら
軽くストレッチ
あっそうだ!
枕カバーは毎日変えてます
私の唯一の
こだわり!
これだけですごく
気分が良くて熟睡
できるんです
22時就寝
おやすみ
なさーい

…とまぁこんな感じですね
寝るの早っっ!!
22時なんてまだ絶賛仕事中だっつの!
ヒク
あらそーでも仮にも美容雑誌をやってるんだから
もう少しお肌に手をかけてあげてもいいんじゃない?
うーんでも今のところ特に肌トラブルはないんですよね
もともと丈夫なのかな?
どういうこと!?ろくにケアもせずあの肌って!
何か必殺スペシャルケアを隠し持っているに違いないわ!!
絶対に探り当ててやる〜〜っ!
ツヤ子さんの美肌の秘密あなたにはわかりましたか?
STORY7に続く!

今の皮膚常在菌の状況をチェック!

あなたは良い菌、飼ってますか?

当てはまるものにチェックを入れ、A、Bそれぞれに

チェックした項目の数を数えましょう

CHECK A

- ☐ 目覚めたら部屋は真っ暗。遮光カーテンで睡眠中も紫外線を防ぐ!
- ☐ トイレでの手洗いは石けんなし! 水洗いのみです。
- ☐ 水分補給の定番は、白湯か常温のお水か温かいお茶♪
- ☐ 朝の洗顔も石けんなし! ぬるま湯でささっと。
- ☐ 朝のスキンケアは洗顔後に乳液やクリーム1品程度で終わり。
- ☐ 日焼け止めは365日欠かさない。
- ☐ 帰ったらまずやること、それはメイクオフ!
- ☐ 家に観葉植物などを置いている。
- ☐ お味噌汁やスープなど温かい食事が大好き。
- ☐ ランチや夕食では意識して魚やお肉を食べるようにしている。
- ☐ ファンデーションは薄づきが好み♪
- ☐ お風呂は毎晩、15分くらい浸かってしっかり温まる!
- ☐ お風呂の後は2～3分以内に全身オイルなどで保湿!
- ☐ 毎日、出勤や買い物などで10分以上は歩く習慣がある。
- ☐ 毎晩24:00までにはベッドに入る。

CHECK B

- □ メイクしたままソファーで目覚めることも……
- □ トイレでの手洗いは石けんを使って消毒液もシュシュッ!
- □ コンビニで新商品はチェック! 定番の飲み物はジュース。
- □ 朝は洗顔石けんですっきり洗う派!
- □ 会社でも家でも殺菌消臭スプレー、シュ〜!
- □ いつも化粧水、美容液、オイル、クリーム……
  4種以上使って乾燥対策はバッチリ◎
- □ 夜はサラダでダイエット。
- □ 汗をかいたらメイクが崩れる…
  階段は使わずエレベーターフル活用。
- □ ベースメイクに時間をかけている。
  崩れにくい下地を愛用♡
- □ 休憩時間にSNSをしながら美顔器でフェイスマッサージ。
- □ 毎日スクラブ使って全身スペシャルケアしてツルツルよ♪
- □ エアコン全開で過ごしやすい室温を心がけています。
- □ 皮脂は敵! 脂取り紙と皮脂吸着パウダーで
  こまめにメイクチェック。
- □ いつの間にか1:00過ぎ。やばい!寝なきゃ!
- □ お風呂は明日の朝にしよう…って最近シャワーばっかりだ。

皮膚常在菌チェック集計

CHECK Aのチェック数から、
Bのチェック数を引いて、結果を見てみましょう。

CHECK A ［　］ － CHECK B ［　］ ＝ ［　］点

15～7点→1へ　6～-5点→2へ
-6点～-15点→3へ

15～7点のあなたは

1 皮膚常在菌のバランス良好! ツヤ子さん

おめでとうございます！　あなたは表皮ブドウ球菌やアクネ菌が活動しやすく、黄色ブドウ球菌などの悪玉菌を増やさない理想的な生活ができています。これからも「良い汗＋良い皮脂＝天然保湿クリーム！」を合言葉に、洗いすぎず、適度な運動や十分な睡眠をとり、代謝の良い生活を心がけてください。

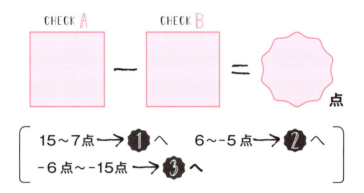

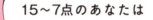

6〜-5点のあなたは

2 ゆらぎ肌で悩んでない?
あと一歩でツヤ子さん

残念！　あなたは、季節や体調によって、ときどきお肌のトラブルを起こしていませんか？　考えられるのは皮脂のオフしすぎや洗いすぎ、汗をかかないことなどで善玉菌くんたちのエサが減っていること。まずは、洗顔料を使わない、駅まで早足で歩いて軽く汗をかく、などを生活に取り入れて。肌の状態が安定してくるはずです。

-6点〜-15点のあなたは

3 表皮ブドウ球菌が泣いている!?
カサ子さん

スキンケアを根本的に見直しましょう。コスメに頼り切らず代謝を上げ、体のなかから出てくるもので皮膚常在菌を元気にすることを考えて。第2章をしっかり読んで、ダブル洗顔やスクラブ、皮脂吸着パウダーなど不必要なケアはカットしていきましょう。常在菌の力を借りれば、高級化粧品いらずのツヤ肌も夢ではありません。

休日の『ぬるっとタイム』が美肌菌を喜ばす

美肌の要は、なんといっても、ヒョウくんが元気に活動してくれること！

そこで彼らの宿主である私たちができることは、彼らが心地良く棲める環境を整えてあげることです。

漫画『美肌菌を喜ばす「ツヤ子」の24時間』（52ページ～）では、顔も洗わずに汗だくになって編集部に現れたツヤ子さんにカサ子さんがぎょっとしていますが、実は、汗と皮脂がバランス良く出ているこの環境が、ヒョウくんにとってはベストの環境なのです。

とはいっても、平日、ツヤ子さんのようにノー洗顔＋ノーメイクで職場に行ける強《つわ》者《もの》はなかなかいないと思いますので、休日を「育菌日」に当てましょう。

特別なことをする必要はありません。お休みの日、ゆっくり起きてブランチを食べ、そのまま、平日に散らかった部屋を掃除したりしているとき、「あ、今日顔を洗っていなかったわ」なんていうことがあると思います。この、ちょっとぬるっとした肌の状態をキープ。平日は、朝の洗顔で常在菌を彼らのごはんもろとも洗い流してしまいますが、休日は洗い流さず、しばし、それをとっておくのです。

十分睡眠をとった翌日の皮膚なら、菌自身も、皮脂や汗といった彼らのごはんも、お肌にたっぷり。ふだん、洗顔やメイクで菌に試練を与えているみなさんも、休日は栄養をいっぱい与えて菌たちを甘やかしてしまいましょう。

ただ、あまりにもオイリー※7でぬるぬるしすぎていると、水分（汗）が足りず、ヒョウくんが活動できずに肌はアルカリに傾いてしまいます。洗顔するかしないかは、皮脂の量で判断しましょう。

「今日の皮脂の調子はどうかな？」と確認したいときは、ほおを指でぐっと押したときに、指の周りにツヤの反射ができれば上々。皮脂の分量がちょうど良い状態です。

※7　前の晩にオイルやクリームを塗りすぎると、朝起きたときに油分が過多になって毛穴詰まりを起こすことも。その場合は洗顔してください。

「汗をかいた」ときこそが美肌菌のごはんタイム！

「汗をかくとメイクが崩れる」「ベタベタして気持ち悪い」「ニオイが気になる」――と、今の世の中、かなりの嫌われ者になってしまっている汗。このところ日本では夏が異常な猛暑になることもあり、1日中クーラーの利いたところにいるため、夏でも汗をかく機会がほとんどないという現象も生まれています。運動不足も慢性化していますから、あなたも隠れ「汗かき下手」さんになっているのではないでしょうか？

汗をかかずに涼しい顔で過ごすのは一見かっこいいのですが、美肌にとってはNG。それはもちろん、私たちの美肌製造責任者・表皮ブドウ球菌のヒョウくんのエサがない状態だからです。

ヒョウくんは、皮脂と汗、古くなった角質などを吸収・分解し、グリセリンや脂肪酸という保湿成分に変え、肌に弱酸性のベールをまとわせてくれています。皮脂だけが大量にあっても、汗という水分がないと、ヒョウくんはうまく働けません。

汗は99%が水分なのですが、ミネラルや、尿素・乳酸といった老廃物もごくわずかに含まれています。**なかでも抗菌ペプチド**※8**という抗菌物質は、アルカリに強い雑菌をやっつける大切な成分。つまり、汗は、肌に悪い菌を倒しつつ、ヒョウくんのエサにもなってくれるという、二つの大事な役割を担っているわけですね。**

汗をかくのは、美肌作りだけでなく、体温調節など、人体の生理現象としてなくてはならない作用。汗をかけばかくほど汗腺が鍛えられ、さらっとしたいい汗をかけるようになりますから、ぜひ、日常生活のなかで汗をかく機会を増やしましょう。

毎日運動するのが無理なら、ゆっくりとお風呂に浸かって毛穴を開く。通勤時に早足で歩いてじんわり汗をかくのも良し。あつあつのラーメンをふうふう言いながら食べるのだっていいんです！ それから、なんといっても睡眠。睡眠時は思ったよりも汗をかいています。体に良いことは菌にも良い。やっぱり、そういうことなのです。

※8　抗菌ペプチドとは、人間をはじめ多くの生物が作り出す感染防御物質。アミノ酸が数十個つながった「ペプチド」構造で、電気を帯び、細菌や微生物の細胞膜を攻撃する。

— STORY 7 —

菌たちと仲良く♡

素肌を変える！美肌菌を喜ばす３大要素

第1試合
朝の洗顔
第1試合
先攻はツヤ子選手
ですが――
安定の
ずぼらっぷり！
ぬるま湯オンリーで
やはりNO洗顔料を
つらぬいております
バシャ
バシャ
一方
カサ子選手は――
出ました
スクラブ！
本日は
スクラブ投入です
にゅ～
スクラブは
やりすぎると
皮膚に細かい
傷がつくことが
ありまして――
これは我々の
大好物なのです
カサ子選手
好プレー
ですよ
私たちにとっては
厳しい展開！
ピピピー
おっとここで
ホイッスル！
イエロー
カードッ!!

反則！「皮脂取りすぎ」
キキキキキ
カサ子選手早くも1枚目のイエローカードです
チッ
確かに肌がキュッキュいってますから
バリア機能が壊れてますね
しかし今後もカサ子選手には反則を恐れず果敢に攻めてほしい！
いやダメですっ！
第2試合入浴
第2試合は攻守交代
先攻カサ子選手
ぬりぬり
カサ子選手まずは入念にクレンジング！

そしてさらに洗顔フォームに手を伸ばした～
Face Wash
洗顔フォーム
モコ
モコ
カサ子選手見事なダブル洗顔です
この間ツヤ子選手は歯磨きしながらシャワーでお湯を溜め始めました
時短をねらいつつ浴室に蒸気を溜めてから入ろうという作戦でしょう
我々には厳しい展開です
あー……ツヤ子選手のずぼらパワーはなかなか強力ですね
おうくん的には乾いた環境こそ大事だと
私たち的には好プレーですよツヤ子選手！
む～～～

シャー
おっ！　そうこうするうちにカサ子選手入浴です
しかし浴槽にお湯は溜めずシャワーのみ
42℃
しかも温度は42度！
シャワーは体の芯から温まらず汗もかきづらい
さらに高温のお湯で皮脂は全部流れてしまいますので皮膚はアルカリになりがち
さすがカサ子選手です
ゴシゴシ
カサ子選手シャワーだけでナイロンタオルにボディシャンプーをつけて磨き上げていきます
実にカサ子選手らしい試合運び
一方ツヤ子選手のほうは――
浴槽にお湯が溜まったようですね

乳液でメイクをオフして…
シャワーを浴び
ざーっとオイルを全身に塗ったあと
ついに浴槽にイン!
これは驚きましたツヤ子選手石けんで体を洗う様子がありませんよ
そのようですねちなみに湯温はぬるめの39度
ツヤ子選手浴槽にじっとしてますね~
おっ動きがありましたよ
これはストレッチのようですね
お湯に浸かるだけでなくストレッチすることでさらに発汗を促しているようです……
チッ
ツヤ子選手すばらしい!アッパレです!!

ツヤ子選手
たっぷり15分
湯船に浸かり
ました
第2試合
ツヤ子選手が
大きくリードです
第3試合
スキンケア
最後の試合と
なりました
入浴後のスキンケアは
美容の要ともいえる
重要な時間ですよ
ツヤ子選手
オイルを塗ってから
お湯に浸かったので
ボディケアはカット
のようです
フェイスは——
なんと直接
乳液を肌に塗布!
化粧水も
カット!
入浴後5分で
就寝準備が
整いました
現在仕上げの
ストレッチ中です
一方カサ子選手は
リビングのテーブルに
多数のコスメを
並べております
ここまでですでに
お風呂から上がって
10分経過!

ここからカサ子選手
怒涛の攻撃〜〜〜〜！
化粧水を入念に
パッティングしてからの
クリーム塗布
美白美容液
シワとり美容液のあと
コロコロマッサージを10分
さらに
目元美容液も
追加────っ！
ピ
反則
「塗りすぎ」
おっとついに
レッドカード
が出ました!!
美容液やクリームの
主成分は基本「油」
ニヤリ
油をいくつもいくつも
塗り重ねることで
翌朝は洗顔フォームで
しっかりと洗うことが
必須となり結果として
肌がアルカリに傾きます
これは今後が
楽しみですねぇ〜
それではこのへんで
中継を終わります
ワァァァァ
時刻は23時
ツヤ子選手はすでに
夢のなかです
カサ子選手は
反則上等
かかとケアに突入
もう塗るな〜
就寝はまだ
先のよう
ですね
今回は
ツヤ子選手の圧勝!!

毎日石けんで顔を洗っている人は今すぐやめてください

今や皮膚科学の進化は日進月歩。20年前と比べると、スキンケアの常識はすっかりと言っていいほど変わってきています。

たとえば角質。角質は、[※9]やがて垢となって剥がれ落ちていくことから、以前は「不要なもの」「汚れ」と考えられ、肌のターンオーバーを促すためのスクラブ、パック（はがすタイプ）など、角質をオフするためのアイテムが全盛でした。

でも今、**角質は大切なお肌の「完成品」と考えられています。皮膚は私たちの体を外界から守り、維持していくための高性能なバリアで、角質はその最前線。それを無理やり剥がしてしまうのはありえない！** という考え方に変わってきたのです。

※9　皮膚を構成するケラチン生成細胞が、ターンオーバーで皮膚のいちばん外側に到達し死細胞となったものが「角質細胞」、これが層になったものが「角層」または「角質層」。

確かに、スクラブでこすったりするとつるつるすべすべになって気持ち良いのですが、必要なものを剥がしてしまっているので皮膚を急いで作る必要があり、水分量も細胞間脂質も少ない未完成な皮膚ができることに。未完成な皮膚は刺激に敏感なのでトラブルを招きます。角質は30〜50日の肌周期で自然に落ちていくものですから、じっくりと時間をかけて良い肌を作り、自然に落ちていくのを待てばよいのです。

ですから、洗顔、拭き取り化粧水、泥パックなどを毎日行うのは絶対にNG。皮脂を根こそぎ取ると、その部分の肌の土壌から自然に出てくるはずの皮脂が復活しにくくなり、弱酸性を保つための皮脂分泌が追いつかなくなります。また、角層の間にある水分、油も全部流されてしまい、角層そのものがカラカラに。水分の足りない角層は光を反射しないので、見た目もくすんでしまいます。

そこでおすすめしたいのは、体温と同じ37℃くらいのお湯で行う「ぬるま湯洗顔」。体温と温度差があるものを皮膚にのせると、皮膚表面の水分が同じ温度になろうとして引っ張られ、いっしょに蒸発してしまうので人肌ぐらいの湯温がベストです。「毛穴を引き締める!」と冷水を使う方もいるのですが、引き締まるというより、血流が悪くなって顔色が悪くなりますから、夏でも冬でもぬるま湯がおすすめです。

\ RECOMMEND /

1

育菌
おすすめクレンジング

洗いすぎに注意とはいえ、メイクはちゃんとオフする必要アリ。
肌にやさしいのはもちろん、ダブル洗顔は不要です！

【トリロジー】
クレンジング バーム

トリロジーといえば世界で認められた高品質なローズヒップオイル。必須脂肪酸、βカロテンを豊富に含み、メイクオフ後の肌をなめらかに。肌に負担をかけないテクスチャーも人気。80ml ¥4,700／ピー・エス・インターナショナル

【バンフォード】
ライフ クレンジングバーム

汚れを取り去りながら、肌にうるおいを与えるバーム状クレンジング。手で温めて肌にのせるとすばやくオイルに変わり、やさしくメイクを浮き立たせる。ストロベリーシードオイル等の保湿力でしっとり。100ml ¥13,000／ピューリティ

PICK UP!

敏感肌、乾燥肌に悩む方へ

美容化学者、かずのすけ先生が完全監修するCeraLaboシリーズのアイテムはどれもおすすめ！
先生の専門分野、洗浄・洗剤科学や化粧品成分に関する最先端の知識を結集したシンプルかつ高品質なコスメが揃っています。特に敏感肌や乾燥肌でコスメ選びに悩む方は、ぜひ一度試してみては？

https://cores-ec.com/

【CeraLabo】
**セラヴェール
プラチナム クレンジングオイル**

“美容を教える化学の先生”かずのすけプロデュース。皮脂と類似の成分を多く含み、肌を柔らげるマカダミアナッツ油を配合。毛穴汚れを負担なくオフする。
120ml ¥3,333 ／ CORES

汗のすごい効果

善玉菌のエサになり、悪玉菌を退治!

汗を嫌わないで! たくさん汗をかいて! とさきほどもお伝えしましたが、大事なことなのでもう一度言います。汗をたくさんかきましょう。

理由は二つ。表皮ブドウ球菌のエサになること。そして、汗に含まれる抗菌ペプチドという成分が、悪玉菌の繁殖を抑えてくれるからです。

美肌を作ろうと思ったら、外から角層をうるおすより、角層の下を健康にし、いい汗をたくさんかくほうが近道。自分を守るものを自分で生み出す、という発想ですね。

ただ、現代の生活は日中にほとんど汗をかかないので、ぜひ有効活用してほしいのが毎晩の入浴。入浴は一日の汚れや疲れを落とすだけでなく、「汗腺トレーニングタ

※10 炭酸ガスがお湯に溶け込み、皮膚から二酸化炭素が浸透することで血管を拡張させ、血液循環を良くするほか、発汗作用を高めて老廃物の排出を促進する効果がある。

イム」として、積極的に、無駄なく活用していきましょう。

お湯の温度は39～40℃。シャワーだけという人もいますが、血行・発汗を良くするためにも、また、洗浄料を使わないで汚れを落とすためにも、湯船に浸かるのがおすすめです。15分浸かれば、普通は、一日で不要になった角質はすべて、ふやけてきれいに流れていきます。常在菌もすべて流れてしまいますが、一部は毛穴の皮脂のなかに潜んでいて、**お風呂から上がるとすぐに外に出てきて増殖し、30分くらいでまた元どおり弱酸性ベールで肌を守ってくれます。**

入浴剤は、バスソルトだと肌をアルカリに傾け乾燥することも。日本酒風呂も、アルコールが殺菌・消毒効果があるので使用する際は必ず入浴剤として販売されているものを使用しましょう。おすすめは炭酸系か[※10]、保湿効果のあるバスオイル[※11]です。

ふだん汗をかく習慣がないと、お風呂に入ってもあまり汗をかけず、のぼせるだけの人もいます。そんなときは、ぬるめのお湯に浸かりながらストレッチを。脚を片方ずつ曲げて前屈すると、顔を濡らさずにストレッチできます。むくみの解消にもなり一石二鳥ですから、ぜひ取り入れてみてください。

※11　バスオイルはお湯に入れると乳化するものも多く、乳化しなくても水＋油で乳液に浸かっているようなもの。全身保湿でき、風呂上がりに保湿する手間が省ける。

\ RECOMMEND /

2

育菌
おすすめ入浴剤

選ぶ際のポイントは「保湿効果」があるかどうか。
人気のバスソルトより、ぜひこちらをチョイスして。

【ミノン】
薬用保湿入浴剤

デリケートな肌にうるおいを与える保湿成分（11 種のアミノ酸）配合。やさしい乳白色の湯で湿疹・肌荒れ対策。医薬部外品。480ml ¥1,400（編集部調べ）／第一三共ヘルスケア

【マークスアンドウェブ】
ハーバルバスエッセンス

肌を柔らかくするマカデミアナッツ油とスクワランを配合。入浴で損なわれるうるおいを補い、水分の蒸散を防止して肌をなめらかに保つ。お湯に混ぜると淡い乳白色に。250ml ¥1,790 ／マークスアンドウェブ

【すっぴん】

酒風呂専用・原液 純米

酒蔵生まれの酒風呂専用純米酒。昔から「酒蔵の職人の肌はきれい」と言われ、お肌をしっとりさせる天然のアミノ酸など純米酒に含まれる美容成分に効果が。500ml ¥660 ／福光屋

【オゥパラディ】

フルール バスミルク

母乳にもっとも近く、かつては王侯貴族だけに許されたロバミルクのお風呂。ビタミンやミネラルが豊富なロバ乳のほか、アプリコットオイル、アルガンオイルをぜいたくに配合。200ml ¥3,200 ／エストインターナショナル

「当たり前」を疑って！「化粧水」って本当に必要？

洗顔後に、お風呂から出たあとに……と、ふだん当たり前のように使っている化粧水。でも、化粧水は実は肌の乾燥を進めてしまう、と言ったらびっくりしますか？
皮膚のいちばん外側にある角層（ケラチン）では、ふだんは、角質細胞同士が水素結合によってぴったりくっついていますが、水に濡れることによってその結合がいったん切れます。そしてまたすぐにお互いくっつこうとするのですが、そのときに、皮膚の内側だけでなく、外から来た水ともくっつこうとすることで、もともと角層のなかにあった水分も角層の外に連れて行かれてしまうのです。また、水素結合が切れることにより、水は気体になって蒸発しやすくなります。そのため、水に濡れると肌の

乾燥はかえって進んでしまうというわけ。ですから、洗う回数を減らし、できるだけ化粧水をつけないほうが、肌は健やかな状態を保つことができます。

水に濡れたときに角層から水分が逃げるのを防ぐには、内側の水分と外の水分のつながりを遮断するためにすぐにオイルでフタをすること。つまり、保湿[※12]には水よりオイルのほうが重要。入浴後も、浴室から出る前にオイルで全身を保湿すると良いでしょう。

ただ、化粧水もまったく無意味というわけではありません。なぜなら水分で水素結合が切れるため、角層は吸収しやすい状態になるから。朝、美容液を使うなら、化粧水で結合を切ってから美容成分を入れると、角層のなかに入っていきます。

また、角層の水分が満タンになっていると透明感とハリが出てくるので、化粧水を塗ると「今日は肌の状態が良いな」という実感は得られるでしょう。でも、肌の水分量が増えるのは一瞬。体のなかから角層に届く水分のほうがよほど多いですから、塗るより飲むほうで水分補給し、汗をかいて、体のなかからうるおしましょう。

化粧水をやめるのは勇気がいるという方もいるのですが、お風呂上がりに浴室内で、水に濡れたままオイルを塗るとスムーズに化粧水断ちできますよ。

※12　人の皮膚は、水分20％、油分80％で構成され、水分を入れてもそれ以上入りません。皮膚にもともとある水分を逃さないようオイルでフタをするのが保湿のしくみ。

お風呂上がりのオイルは
効能で選んで賢く弱点対策！

蒸気たっぷりのお風呂で角質に水分を蓄えたら、そのまま浴室内ですかさずオイル！　逃げ足の早い水分をお肌に引き止めて保湿するには、これがいちばんです。そこでぜひ浴室の近くにオイルを常備していただきたいのですが、今、美容オイルは多種多様な成分、効能のものが出ていて、どれを使ったらいいのか迷いますよね。ここで整理してみましょう。

皮膚は何層も重なり合った構造をしていますが、そのもっとも外側にあるのが角層。角質の細胞のすき間は細胞間脂質で満たされており、その主な成分がセラミドです。セラミドは水分や油分を抱え込むので、お肌のハリとうるおいのもとに。そのため、

セラミドを含むオイルを使うとなじみが良く、保湿効果が高いのです。**セラミドを構成する脂肪酸はオレイン酸やリノール酸。それらを含むオイルでもっともよく知られているのがオリーブオイルでしょう。**ただし、毛穴の開きが気になる人が使うとより毛穴を目立たせてしまうと言われているので[※13]、毛穴が気になる人は、オレイン酸を含まないローズヒップ油やヘンプ油をどうぞ。

保湿にプラスして美容効果を求めるなら、アボカドオイル。角質を柔らかくするビタミンA、皮脂をコントロールしてくれるビタミンBほか、ビタミンDも含むマルチなオイルです。また、米ぬか油は良質な脂肪酸を含み、天然の蝋《ろう》の成分で、肌に膜を作る作用に優れています。

話題になったアルガンオイルやグレープシードオイルは天然のビタミンEを含み、抗酸化作用があるので、エイジングケアオイルとしておすすめ。保存料も配合しなくてよいので、常在菌にもやさしいオイルです。ほか、月見草油やボラージ油は、皮膚の再生能力を上げると言われています。価格もピンキリですから、効果効能だけでなく、自分の肌の状態と合わせ、使い心地を楽しんで選んでみてください。

※13 皮脂が多い人は、毛穴の開口部がすり鉢状に広がってしまうことで毛穴が目立つと考えられます。また、オレイン酸やパルミトレイン酸などの不飽和遊離脂肪酸の作用で不完全な細胞が作られ、キメを荒れさせていると考えられています。
https://www.shiseidogroup.jp/newsimg/archive/00000000000373/373_n3c34_jp.pdf

\ RECOMMEND /

3

育菌おすすめオイル

オイルは酸化が大敵！　買いだめせずに少量ずつ使用しましょう。

【DHC】
オリーブ バージンオイル

オレイン酸や多彩なビタミン類を含み、皮脂と似た組成のため、天然の皮脂膜となり肌を守る。30ml ¥3,620 ／ DHC

スペイン産
天然オリーブオイル
100%！

肌への浸透度が高い
スクワランオイル

【シェルクルール】
オーパーリバース

浸透性・保湿力にすぐれた高純度のスクワランをベースに作られた安全性の高いオイル。15ml ¥3,500 ／ヴェルジェ

【クレ･ド･ポー ボーテ】
ユイルレパラトゥリス

皮膚の修復を助けるモルティエレラ油を含む。使うたびにキメを整え、ハリ、弾力のある肌に導く。医薬部外品。75ml ¥14,000 ／資生堂インターナショナル

顔・髪・体。全身に
使えるリペアオイル

セラミドを補強する
攻めのオイル

【アミノリセ】
ナチュラル アクティベーション オイル
醗酵スクワランをベースに、米由来の保湿成分やセラミドなどを配合。角層のすみずみまでよくなじむ。20ml ¥10,000／福光屋

【THREE】
コンディショニング SQ オイル
精油や植物オイルなどを贅沢に配合したオイル。 心やすらぐ柑橘系の香りで包みこみながら、角層へ浸透する。30ml ¥11,000 ／ THREE

睡眠中の肌に
芳醇なうるおいを

無農薬植物性オイルで
全身保湿!

【ウェリナ オーガニック】
ベビーマッサージオイル
加齢とともに皮脂から失われるパルミトレイン酸を含むマカダミア油をはじめ、天然植物油 100% のオイル。100ml ¥3,000 ／ウェリナ

\ RECOMMEND /

4

育菌
おすすめ乳液&クリーム

夏場やメイク前などオイルではベタつきが気になるなら
乳液やクリームでもOK。油分が大切。

3種類の
「ヒト型セラミド」を配合！

ヒアルロン酸配合の、
ぷるぷるクリーム！

【マークスアンドウェブ】
ハーバルフェイスエマルジョン

浸透力の高いマカデミア種子油とローズヒップ油に加え、3種類のヒト型セラミドを配合。べたつかないのにうるおいはしっかり保ち、なめらかな肌へ導く。ラベンダーとゼラニウムの香り。75ml ¥1,750 ／マークスアンドウェブ

【肌ラボ】
極潤ヒアルロンクリーム

徹底的にうるおいにこだわったクリーム。2種類のヒアルロン酸を配合。素肌と同じ弱酸性で、低刺激性・無香料・無着色・鉱物油フリー・アルコールフリー。50g ¥1,280 ／ロート製薬

【ウェリナ オーガニック】

アマールカ ミルク

ミネラル豊富なハワイの植物原料と、海洋深層水、抗酸化作用のある有機ヴァージンココナツオイルを配合。防腐剤・安定剤フリーなので赤ちゃんや妊娠中の方にも。100ml ¥3,600／ウェリナ

【YON-KA】

ニュートリ ディフェンス

極度に乾燥し、バリア機能が低下した肌に。インカインチオイルや乳酸菌が、乾燥が引き起こす深刻なトラブルから肌を保護し、安定させる。抗酸化成分も含み、エイジングケアにも。50ml ¥7,800／ヴィセラ・ジャパン

— STORY 8 —

ハウツーで紹介

究極のうるおい肌に！ツヤ子さんの「蒸し美容」

ん〜〜〜 今日の仕事 終わりっ
いざ リラックス ターイム
まだまだ 入稿の山場
明日に疲れを 残さないように しなくちゃ
ずぼらなのに スキンケア対決で カサ子さんに圧勝した ツヤ子さん
さーーて お風呂お風呂♡
今日は そんなツヤ子さんの 入浴法の秘密を もう少し詳しく のぞいてみましょう――

ザァ
シャワーを出して浴室を温めつつ
蒸気で満たします
MILK LOTION
乳液
ゴシ
ゴシ
ガチャ
はーー
あったかーい
モワ
モワ
ワシ
ワシ

モワァァァ
秘密1　ミストサウナ
シャワーを先に出して浴室に
蒸気を満たしてから入ると
発汗効果アップ!
モワ
はー
極楽極楽
モワ
ジャー
おおおお〜
サイコ〜〜〜〜〜
秘密2　蒸しタオル
しっかり毛穴を開いて発汗!
汚れが取れやすくなって
ニキビ予防になり、血行も促進!
お風呂に浸かりながらやれば
乾燥の心配もなし!
(パックもおすすめですよ)

ツヤ子の
ずぼら美容講座
蒸しタオルの
作り方
お風呂での蒸しタオルだけでなく私は朝も蒸しタオルします
チーン
①
フェイスタオルを
半分だけ濡らして
軽くしぼり
500Wのレンジで
45秒～1分
ホカホカ
②
やけどしないよう
手の上で熱さを
調整してから
顔へ
前の晩がシンプルなスキンケアなら朝はしっかり蒸しタオルだけでも十分！
仕上げはクリームと日焼け止め乳液で準備完了
最近寒くなってきたなぁ
汗かいてないし洗わなくていいや
その分しっかりあったまろ～
秘密３　洗わない
基本は石けんなどで
体を洗わないツヤ子さん
一般的には15分程度の入浴で
その日の不要な角質は流れていきます

十分
あったまったし
そろそろ出るかー
ザバッ
お風呂の外は
寒いから
なかで保湿しちゃお
秘密４　お風呂でオイル
肌が濡れると
蒸発によって乾燥しやすくなります
お風呂から出る前にオイルやクリームなどの
油分を塗っておけば
肌の乾きすぎを防ぐ効果が！
ちなみに入浴後に保湿しないでいると
平均25分前後で「過乾燥」状態に
濡れたらとにかく即保湿がおすすめ！
オイルを塗ってから
もう一度お湯に
浸かるのもおすすめ
ですよ♡
あー
気持ちよかった
あとはドライヤーで
髪をしっかり
乾かして…
ゴォー
秘密５　ドライヤー
熱風が顔にかかると想像以上に
皮膚は乾燥します
ツヤ子さんはもうオイルを塗った
あとだから問題なし！

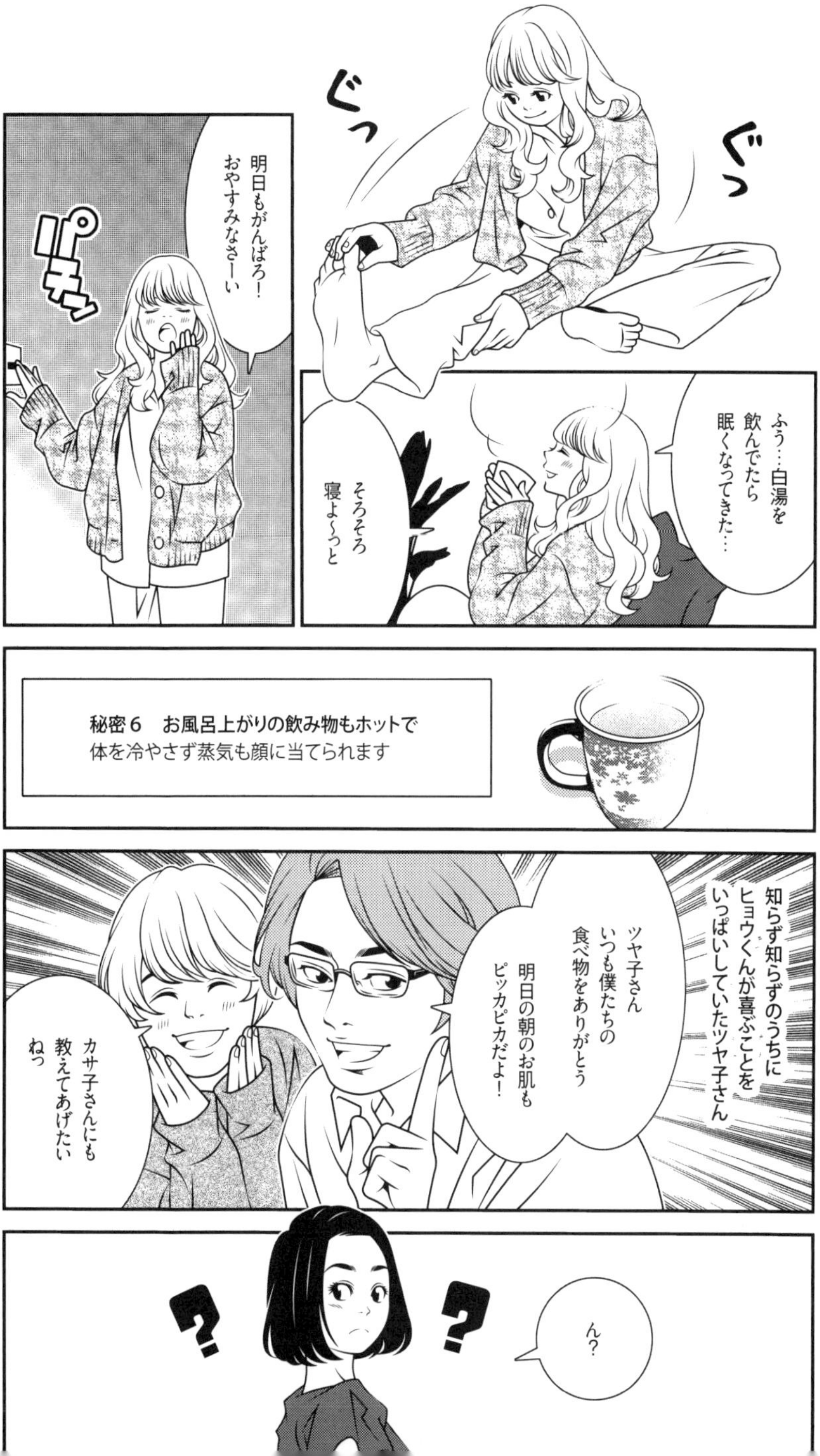
じっ
じっ
ふう…白湯を飲んでたら眠くなってきた…
そろそろ寝よ～っと
明日もがんばろ！おやすみなさーい
パチン
秘密６　お風呂上がりの飲み物もホットで
体を冷やさず蒸気も顔に当てられます
知らず知らずのうちにヒョウくんが喜ぶことをいっぱいしていたツヤ子さん
ツヤ子さん いつも僕たちの食べ物をありがとう
明日の朝のお肌もピッカピカだよ！
カサ子さんにも教えてあげたいねっ
？
？
ん？

「仕上げはシートマスク」じゃスキンケアは片手落ち

韓国コスメブームや大容量入り商品の登場で、シートマスクが大人気ですね。リラックス効果もかねてお風呂上がりに集中ケアをしている方も多いのでは？

すでにお伝えしたように、角層に水分を入れ込むと、肌のキメがふっくらとして光を乱反射し、透明感とハリを生み出します。ただし、水分は蒸発してしまうので効果は一時的。そもそも、角層のケラチンはどんなにがんばっても20％ほどしか水分を蓄えておけないので、長時間水分を与えてもすぐに一定量に戻ってしまいます。また、ケラチンは水分を蓄えれば蓄えるほど脆《もろ》くなるという性質が。つまり、水分でふやけた角質は弱く、刺激に敏感になるので、シートマスクを使ったあとは、肌が敏感になるときも。できれば湿気の多い浴室でパックすると、乾燥予防に最適です。最後にオイルで膜を作り、水分の蒸発を防ぎつつ肌を保護するのが鉄則となります。

もし、**オイルを塗らずにそのままにしておくと、25分を過ぎた頃から過乾燥（もとの状態以上に乾燥すること）が始まります。**髪の毛も同様なので、肌も髪も濡れたままにせず、余分な水分は拭き取り、油分で保湿し、きちんと乾かすことが大切です。

肌が乾燥気味なのでどうしても角質をうるおしたい！という人は、シートマスクよりもホットタオルを。菌や皮脂の取りすぎを防げますし、蒸気で蒸すことで血行を促し、体のなかから角質へ水分を供給することができます。漫画のツヤ子さんがしているように、シャワーで湯船にお湯を溜めて即席ミストサウナにし、お風呂でタオルのはじを湯船につけながら蒸しタオルをすればさらに完璧。毛穴も開いてよけいな脂だまりもなくなるので、アクネ菌の増加によるニキビも防ぐことができます。

ちなみに私は、冬は朝も洗顔なしでホットタオルのみ。ただし、前の晩に肌にいろいろ塗り込む方は、のせたものが酸化しているかもしれないので洗ってくださいね。

こんなふうに、肌悩みがあっても、化粧品やグッズに頼るだけでなく、血行、油分、睡眠、栄養等で闘う方法を知っていれば、あなたはスキンケア上級者です。

※14　蒸気に満ちた浴室内だとシートマスクの水分も空気中に逃げず、肌に作用しやすいのでおすすめ。また、濡れた肌は水素結合が切れており、美容成分が浸透しやすい。

シミ、シワ…スペシャルケアアイテムを台無しにしない使い方

シワとり美容液の大ヒット以降、最新科学の粋を極めた美容液が続々と登場しています。「この美容液が効く！」と聞けば、あれもこれもと使ってみたくなりますよね。ただし、美容液には高濃度の美容成分が何種類も含まれていますから、あまりいろいろなものを同時につけると、成分同士がケンカすることもありますし、主な成分はどれも油なので油同士が混じり合って酸化[※15]した油が肌に刺激となり、悪さをすることもあります。

ですから、リフトアップにシワとり、目元の栄養補給、くすみとり、美白……と、様々な効能を求めてどんどんプラスしていくのは考えもの。私自身は、お風呂上がりの油

※15　油を構成する脂肪酸が紫外線や活性酸素などの影響で過度に酸化した「過酸化脂質」は、肌の色素沈着を起こしたり、真皮の弾力性を破壊してシワの原因に。

分（オイル）さえしっかりと塗っていれば、美容液はそれほどいらないのでは？　と考える派です。というのも、**化粧品は薬と違って効きすぎる成分は始めから使用不可だから。化粧品に許可されている範囲の成分では、たとえ効果が現れるとしても、ものすごくゆっくり。もしも即効性がある美容液があったら、危険なのです。**

ですから、美容液は過度の期待をせず、気持ちをアゲるためのものと考えて使うくらいがちょうどいいのではないでしょうか。たとえば、シワとり美容液にしても、効くのは乾燥性のシワだけで、ほうれい線など、深い、真皮性のシワにはかなり時間をかけて作用します。シミにしても、細胞が傷ついたことによる炎症なので、本当に取ろうとしたら皮膚に穴をあけるしかない。つまり、美容液ではたちうちできないということ。それなら、オイルで肌の水分をしっかりと守っていれば十分なのです。

どうしても使いたいという場合は、「美白美容液＋アイクリーム」という具合に、多くても2種類までにとどめて。美容液の酸化はもちろん、寝る前にあまりにも多くの化粧品を肌にのせると、翌朝起きたときにどうしても洗顔フォームでの洗顔が必要になります。洗いすぎないためにも、塗りすぎ注意なのです。

— STORY 9 —

かしこくチョイス

美肌菌にエールを送る「菌エキスコスメ」

そこで僕から
おすすめしたいのが
「菌エキスコスメ」！
美容情報に敏感なみなさんなら耳にしたことありませんか？「乳酸菌由来成分配合」とか「酵母化粧品」とか…
これは僕たちのお仕事を助けてくれる化粧品のことなんです
それが僕たちのごはんになってくれるコスメ！
宿主さんが疲れてしまって僕たちのごはんを作れない…
寝るヒマもなく仕事仕事仕事ストレスMAX
限界…疲れた…
宿主さんが汗をかけない状況…そんなときは僕たち菌の仲間が作ってくれた栄養成分入りコスメで肌をふかふかにしてもらえると助かります！

ちなみに
人間のみなさんは
お魚やお肉といった
タンパク質を食べて
自分の体や（細胞は
タンパク質でできてます）
排泄物を作り出してますよね
僕たち菌も
タンパク質で
できてます
なので
他の菌が死んだら
それも吸収して栄養に
しちゃうんですよ

さて、本題に戻りましょう
僕たちの仲間が作り出した
美肌成分が入っている
コスメといえば
たとえば
ラクトバチルス属乳酸菌くんの
作り出してくれたエキスには
抗酸化作用があるといわれてるし
ラクト印
エキスです
高い保湿力や
抗アレルギー作用
抗炎症作用がある
ものもあるんですよ

使われている菌は日本酒の酵母もあれば納豆菌系、フルーツ乳酸菌など様々
大吟醸
菌の排泄物がたまたま人間の体に良いものなら善玉菌
悪い影響があるものなら悪玉菌
良かったり悪かったりするものが日和見菌と呼ばれているんです
コスメはお肌にやさしいとか香りが良いとか使い心地が良いというのももちろん大事です
が！
僕たち菌のことも考えてコスメを選んでくれるとよりうれしいです
良い仕事しますよ♡

\ RECOMMEND /

5

育菌
おすすめ「菌エキス」コスメ

ストレスMAX、睡眠不足などで汗や皮脂など菌のエサが少ないとき、
菌の仲間が作ったエキス配合のアイテムはうれしい効果が◎

米の発酵液をプラス！
目覚めの肌ツヤに感動
Amino Rice

大吟醸の日本酒と
酒粕を配合！
福千歳
大吟醸酒クリーム

【アミノリセ】
ナチュラル モイスト クリーム

通常の日本酒の約3倍のアミノ酸を含む美容成分「コメ発酵液 FRS-01」の他、米由来のスクワランオイル、スーパーヒアルロン酸などを配合。角層にまろやかなうるおいを与える。30g ¥8,000 ／福光屋

【福千歳】
大吟醸酒クリーム

福井の酒蔵がお客様の声に応えて製品化。酒粕に含まれるアルブチンやリノール酸がメラニンの生成を抑制し、新陳代謝を高める。石油系防腐剤無添加。無着色・無香料。80g ¥3,334 ／田嶋酒造

【ピュアハニー】
ハニーモイストクリームEX

保湿・保水力にすぐれた希少な北海道産の純粋はちみつが角層の奥まで浸透。素肌をなめらかに保つ。整肌効果のあるビフィズス菌エキス、肌に弾力を与えるβ-グルカンも配合される。50g ¥5,000／マイスター

【蔵元美人】
白米発酵乳液

蔵元伝統のコメ発酵液（純米酒）を主成分に、酒粕エキス等日本酒由来の万能美肌成分がお肌の内側と外側からケア。洗顔後はこれ１本で完了のオールインワン乳液。120ml ¥1,600／外池酒造店

— STORY 10 —

あなたは大丈夫？

いつものメイクと皮膚常在菌の関係

しかも最近流行りの皮脂吸着パウダー!!
崩れにくくなるとご愛用の方も多いと思いますが僕たちのごはんがなくなってしまいます
ギュルル〜
ぐ〜〜〜
無敵のすべすべ陶器肌のできあがり♡
ウフ
そんなシリコンたっぷりの皮膜で覆われたら僕たち息ができないよ〜〜〜っ
苦しい〜
ううう…
できればシリコン塗り込みは特別な日だけにしてほしいです
結婚式とか…
ゼェゼェ
勝負メイクとふだん着メイクは分けて考えるようにしましょう
も〜〜〜〜〜
朝はバッチリだったのに
この時間になるとやっぱり崩れちゃう…
このあとは美容家のA先生と打ち合わせをかねた会食だからしっかり直しとかなきゃ!
美容雑誌の編集者なのに
なんなのその顔はっ!?
A先生ツッコミ厳しいからな〜

カサ子さ〜〜ん メイク直しはできれば 朝のメイクをオフしてから お願いします
メイクは時間が経って 重ねれば重ねるほど 酸化します
過酸化物質は 肌表面のケラチンの 刺激になり炎症の もと！
クレンジングで がっつり落とさ なくても大丈夫
MILK LOTION 試供品
MILK LOTION
試供品の乳液などで 軽くオフするだけでも すっきりとメイク直し できますよ
そしてもう一つ 声を大にして 言いたいのがこれ!!
同じものをずっと 使い続けて ませんか!?
スポンジやブラシは 雑菌の温床！ 顕微鏡で見たら ドンビキ間違いなし!!
皮脂や汚れといった 雑菌の大好物が 満載なんですよっ

お肌が元気なときはいいんですが…
弱ってくるとニキビの原因になったり…
ボッ
ボッ
スポンジはプチプラで大量に入った袋入りを買って使い捨てるのがベスト!!
ブラシは2日に1回は中性洗剤で洗いましょう
何本か持ってローテーションで使うのがオススメ
スポンジやブラシを使わずスパチュラにとり清潔な指でメイクするのもヨシ!
雑菌といえば化粧品のテスターも要注意!
このシャドウ良い色〜〜
雑菌!ウイルス!酸化〜〜〜〜!!
化粧品には抗菌剤が入ってますが生き延びる菌ももちろんいます
テスターを試したら目がものもらいになったなんて話も…
店舗のテスターを直接塗布するのはBAさんにお願いするか手の平などで試すだけにしてください
余談ですが化粧品の開発者が特に恐れているのがグロスやマスカラなどボトルタイプのもの
唇や肌に塗っては戻し密閉するので数ヶ月後にはなかはすごいことになっている場合も…
水分もたっぷりだし怖〜
あ〜〜〜〜疲れたこのまま寝たいけどメイク落とさなきゃ
がんばれカサ子さん!
疲れていてもメイクは落とさないと

カサ子さんのようながっつりメイクにおすすめなのはやっぱりオイルクレンジング
オイルでしっかり落としましょう
お肌にやさしいといわれる「拭き取りタイプ」はコットンで強く肌をこすってしまったり
「ミルクタイプ」はメイクが落としきれずかえって肌の負担になることも
意外にも肌に良いのは「バームタイプ」
人肌で溶けるオイルでできているバームはほぼ油と乳化剤のみというシンプル処方
なので肌に負担が少ないのです
でも…
一番良いのはふだんは落ちやすいメイクをすること
そうすればプチプラの乳液で拭き取るだけでさっぱりしますよ
でも膜を作るタイプの乳液はNG！
実際に試してみるとわかります
休日
今日は肌断食《はだだんじき》DAY たまにはお肌も休ませてあげなくちゃね～
肌に負担になるものを塗らないのは良いことなのですが…
皮脂や汗がないと僕たちは働けません
家にこもってないで運動して汗や皮脂を出してくれるとよりうれしいな～

あと家のなかでも紫外線の影響を受けているのでメイクしない日も日焼け止めはマスト！
紫外線は細胞のDNAに傷をつけてシミを作る怖い存在
肌の角層だけに影響を与える化粧品や雑菌より人体への影響が強いのです
屋内にいるときはSPF10くらいのお湯で落ちる日焼け止めで十分
紫外線の影響が出るのが25分と言われているので…
SPF10なら25分×10で250分(約4時間)紫外線が防げます
日焼け止めはぜひ習慣にしましょう！
SUN CUT
毎日のメイクには落とし穴がいっぱい
肌ってトラブルが起きたときしかあまり注目されないけど
んー
僕的には調子が良いときも「今日は皮脂が多い」とか「ハリがある」とかもっと注目してほしい！
そしてスキンケアもいつも同じものを使うのではなく
3つぐらい使い分けると気分転換にもなって良いかと
・トラブルがない元気なとき用
・気持ちが落ちていて香りでリフレッシュしたいとき用
・体調が悪かったり生理前で敏感になっているとき用
ところでカサ子さん今日の調子は？
うん今日はバッチリね！

常在菌と仲良くしながらメイクを楽しむ方法

最近のコスメの大きなトレンドの一つに「落ちないメイク」があります。長時間崩れないメイクは確かに便利なのですが、育菌的には要注意。**化粧品の主成分の油は長く肌にのせていると酸化して過酸化物質となり、肌への刺激になりますし、肌に密着させて塗り込むことで皮脂が奪われ、菌のエサがなくなって弱酸性ベールを作る活動が妨げられてしまう**からです。崩れにくいということは、落ちにくいということでもあるので、クレンジングも強力なものが必要になり、菌を洗い流したり死滅させたりすることにもつながります。

特に、完全に皮脂を抑え、毛穴も目立たなくさせるシリコン入りファンデーション

で能面のように塗り込んだメイクは、菌が活動しにくいのでアウト。ふだん皮脂崩れしない人でもそういったコスメを使っている場合があるのですが、「自分は今日、本当にこんな強いメイクが必要なのか」を考えて使ったほうが良いでしょう。

おすすめは、今日は絶対に崩したくない、という決め日の化粧品と、日常使いの化粧品は分けて考えること。肌の状態はいつも同じというわけにはいかないので、生理前など敏感になっているときのメイクもできれば分けて考えておくといっそうお肌には安心。皮脂や汗の量が変化するので年齢によって変えていくことも必要ですね。

なお、メイク直しにもポイントがあります。朝のメイクにどんどん重ねていくと酸化した化粧品がずっと肌に残ることになるので、いったん軽くオフしてから直すこと。乳液を含ませたコットンでさっと拭き取るだけでもＯＫです。

また、メイク道具にも注意。スポンジやパフ、ブラシなどは、はっきり言って雑菌[※16]の温床。スポンジは、１００均などで売っている大容量のものを買って使い捨てにするのがいちばんです。ブラシは、中性洗剤（オシャレ着洗剤など）でまめに洗い、２～３本を使い回して。そしてなるべく肌に化粧品をのせておく時間を少なくするために、帰宅したら、疲れていても必ずメイクオフしてください。

※16　化粧品に入る抗菌剤は、化粧品が容器に入った状態のときに抗菌するもので、肌にのせたり、スポンジについた状態のものまで抗菌してくれるわけではないので注意！

＼RECOMMEND／

6

育菌
おすすめファンデーション

菌と仲良くしつつ美しい仕上がりを叶える優秀アイテムがこちら！
使用するスポンジは清潔に保つよう気をつけて！

高いカバー力と保湿力で「女優肌」に
Ex:beaute

PM2.5やブルーライトもブロック！

【エクスボーテ】
ビジョンファンデーション パウダー シルクタイプ

保湿成分「マイクロコラーゲン」をカプセル化して配合。リキッド発想で、パウダーなのに驚きのカバー力とうるおいを実現。超微粒子が肌に密着し、透明感を演出。11g ¥4,800／マードゥレクス

【フローフシ】
イオン デ クッション

マイナスイオンを発生する独自の美容成分「エンドミネラル」と、イオンプロテクトシステムが、エイジングサインや外的環境ストレスに対抗。メイクしながら美しい素肌を育む。20g ¥3,200／フローフシ

【ザ フェイス ショップ】

Mカバー BBクリーム

天然成分を使用した話題の韓国コスメのBB クリーム。椿や紅花の種のオイルなどが含まれ、お肌にやわらかく密着し、抜群のカバー力で長時間美肌をキープ。45ml ¥2,096 ／銀座ステファニー化粧品

【クレ･ド･ポー ボーテ】

タンクレームエクラ

日中の肌色の変化に対応し、くすみや化粧崩れを防ぎながら上質なツヤ肌を演出。紫外線や乾燥から肌を守り、トリートメント効果が肌にうるおいと輝きをもたらす。25g ¥12,000 ／資生堂インターナショナル

— STORY 11 —

ご存知ですか？

睡眠不足だと肌荒れする本当の理由

おっと失礼
ゴホッ
睡眠不足になると
お肌が荒れる原因
それは…
ドン
寝ないと
汗をかけないから!!
説明
しましょう
人は暑いと
眠れないので
体温を下げようとして
寝ているときに
汗をかきます
その汗の量は
一晩で1リットル
以上!
汗
ところが
睡眠不足だと
汗をかけません
それはつまり
僕たちのごはんが
なくなるということ
おなか
へったよー
動けなーい
そうなると
弱酸性バリアが
作れなくなります

すると肌は一気に
アルカリに傾き
おうちゃんたちの
天下に…！
やっちまえ―――!!
イエーーイ
わあっ！
ザバ
毛穴が詰まって
あっくんたちも
暴れ出します
あははは！

寝ていないと自律神経の働きも狂うので
汗をかきすぎたり全然汗をかけなかったり…
生理前はプロゲステロンというホルモンの影響で汗をかきすぎたり逆に乾燥したりすることも
いずれにしろ弱酸性バリアをキープできず
常在菌バランスは崩れがちになるんです
ストレスが多いときや疲れているときにカンジダ膣炎になるのも同じ理由です
膣がアルカリに傾いてカンジダ菌が増殖！
それと徹夜明け肌がくすんで真っ黒になったことありませんか？
やっと…
寝れる…
その原因は血流が悪くなっていることがまず一つ

※参考 https://www.waseda.jp/top/news/49945

夜は僕たち菌が弱酸性バリア機能を回復させるために活動をする時間
だからそのときにいい汗や皮脂があると思いっきり働けるんです
翌朝は美肌のできあがり!
現代の生活ではつねに弱酸性バランスを保てる人は少ない——
だからケアは必要です
しかし皮膚の外側からどんなに良いことをしても限界があるのです
えっ?
結局お風呂で汗をかいて
ぐっすり眠るのが最強!ってことですね

質の良い睡眠は美肌菌活性の特効薬です

よく寝た次の日は心身ともに調子が良くなるだけでなく、お肌の調子も目に見えて良くなりますよね。本当に睡眠って大事だなあとつくづく感じる瞬間です。

肌の調子が良くなるのは、ぐっすり眠ることで角質に水分がいきわたってハリやツヤ、透明感が出ること、そして、皮脂や汗が十分に分泌され、常在菌のみなさんが活発に活動してくれていることが理由です。

78ページで、お風呂で汗をかくことをおすすめしましたが、いつも湯船に浸からずシャワーだけという人のなかには、汗をかくのが苦手になっており、入浴で温まっても、のぼせるだけで汗をかけない人もいます。そんな人でも、睡眠時には汗をかいているもの。人は暑いと眠れないので、自然に体温調節し、眠っている間にたくさんの汗をかくのです。反対に睡眠不足だと、血流が減って顔色が悪くなるのと同時に、角質の水分量が減り、肌はしぼみ、クマができ、くすむという三重苦に……。

常在菌から見ても、**睡眠不足は皮脂ばかり出て汗が足りなくなるので善玉菌がうまく活動できず、弱酸性ベールが崩れ、肌はアルカリに傾きます。そうすると、黄色ブドウ球菌やアクネ菌が活発になり、肌が荒れていくというわけです。**

睡眠時には、自律神経[※17]が副交感神経に切り替わり、リラックスしないといけませんが、ストレスが高まっているときなどは、その切り替えもうまくいきません。すると異常な発汗をするときもあり、やはり、善玉菌のエサである皮脂と汗のバランスが悪くなります。更年期で肌が荒れるのも、大量に汗をかくことが原因の一つといえるでしょう。

考えてみると、何か目標があってやる気があるときは、アドレナリンが出て交感神経が高まり、皮脂や汗の分泌が良くなります。日中、その状態でアクセル全開でかけぬけ、夜は副交感神経に切り替えてバタンと強制終了……という生活ができると、心にも体にもお肌にも良い、というわけですね。

※17　ストレスや運動不足で自律神経が乱れると血行不良となり、新陳代謝を滞らせることも。肌の保水力が落ちて乾燥が進む他、シミ、ニキビなどの肌トラブルを招く。

枕カバーは雑菌の巣窟……

タオルに変えて、毎日チェンジ！

お風呂でいい汗をかき、全身をオイルで保湿。仕上げに、フンパツして買った最新美容液をしっかり塗り込んでおやすみなさ〜い♪　……はい、ちょっと待ったー！

つかぬことをうかがいますが、その枕カバー、いつ替えたものですか？

せっかくの高級美容液も、枕カバーの取り替え頻度によっては、台無しになっているかもしれません。というのは、枕には、頭皮からうつった雑菌が山盛りになっているからです。

頭皮は、体全体でもっとも汗をかきやすく、皮脂の分泌もさかん。おまけに毛髪に覆われていることで常に湿っています。そう、菌の大好物の環境なので、善玉悪玉問わず大量の菌が繁殖しているのです。そのなかには、黄色ブドウ球菌をはじめ、水虫の原因となる白癬菌、肺炎などを引き起こす緑膿菌、虫歯の原因となるミュータンス菌、大腸菌、溶連菌など、約200種類もの菌やウイルスがいるといわれています。ここのところ枕カバーを取り替えてないなあ、という人は、毎晩、その菌たちが作っている村（フローラ）のなかに倒れこんで寝ている、というわけです。

それらの菌は、体調が良いときは問題を起こしませんが、疲れてお肌のバリアが壊れていると、肌だけでなく人体にも入り込んで大暴れする恐れがあります。また、菌たちの出したフンが肌への刺激になり、ニキビや吹き出物の原因になることも……。髪※18を乾かさないで寝たりしたらさらに最悪。よく、菌を研究する学者さんがいうのですが、顕微鏡で髪の毛を見てしまったら、もう女性の髪は触る気がしないそうです。

ここまで雑菌が多いと、善玉のヒョウくんが活躍していても、闘いきれずに負けて肌がアルカリに傾いてしまうかもしれません。ということで、枕カバーは毎日取り替えた方が良い、というわけです。めんどうな方は、枕にタオルをしいてそれを取り替えても良いでしょう。ちなみに、バスタオルも同様です。毎日替えてくださいね。

※18 頭皮は温度、湿度、栄養という菌が増える条件がそろい、髪を乾かさずに寝ると菌にとってさらに最高の環境に。頭皮の荒れにもつながるためドライヤーはマスト！

COLUMN 2

次の週末は美肌トリップへ！「菌取り旅」のすすめ

COLUMN 2

消毒スプレーに除菌シート、抗菌洗剤……私たちの生活は菌をどんどん排除する方向に向かっています。でも**本当は、多くの菌と出会って体に棲みつかせることで抵抗力が上がり、悪い菌と出会ったときにも簡単に負けない体ができていくもの。**生まれたばかりの赤ちゃんはまだ菌の種類も数も少なくて抵抗力が弱いですが、成長するにしたがって増え、お腹も皮膚も丈夫になっていきます。ですから、たくさんの菌と出会うことは本当に大事。最近、土いじりや泥遊びを推奨する幼稚園などができているのも、そうした〝菌取り〟の大切さが少しずつ認識されてきたからなのではないかと思います。

年齢を重ねると、常在菌の数は減っていきますが、菌と触れ合うことで補充することができます。菌の種類が豊富なのは、都会より田舎。そこで、週末は自然のなかへ、菌取り旅に出かけるのはいかが？　遠出は難しいという人は、ガーデニングで土いじりをするの

ニセコ湯本温泉（北海道）

● 含鉄泉／硫黄泉

一大温泉地ニセコ温泉郷の一つで、冬はスキーも楽しめる自然豊かな秘湯。

八幡平温泉《はちまんたい》（岩手県）

● 硫黄泉

岩手〜秋田にまたがる、広大な高原地帯にある歴史ある温泉郷。ブナやナラの原生林のなかで、乳白色の温泉が楽しめる。

蒸ノ湯《ふけのゆ》温泉（秋田県）

● 弱酸性泉

八幡平温泉郷の秋田県側にある湯。約300年前から湧き出る秘湯。源泉かけ流しの天然温泉。

全国の美肌温泉

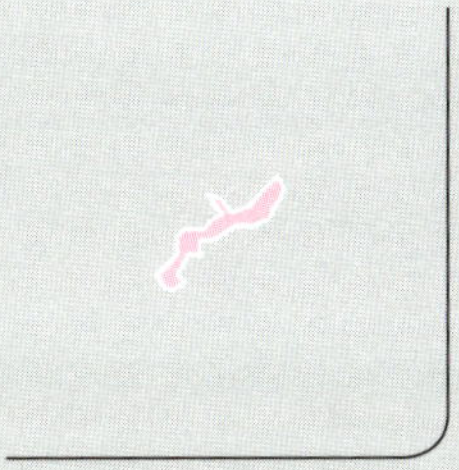

美肌力アップの温泉へGO！

アルカリ泉が多い日本の温泉のなかで、硫黄泉や酸性泉は貴重。ガスが皮膚から入ることで血行促進したり、さまざまな効能を楽しんで！

月の沢温泉（山形県）

● 酸性泉

山形県内に３ヶ所しかない、珍しい酸性泉。アトピー性皮膚炎などの慢性皮膚病や冷え性にも◎。

黒川温泉（熊本県）

● 硫黄泉

阿蘇山の北に位置する、緑豊かな秘境温泉。泉質は硫黄泉で、血管拡張作用によって血行を促進。

有馬温泉（兵庫県）

● 含鉄泉

血行を促進する含鉄泉ほか単純温泉、二酸化炭素泉、炭酸水素塩泉７成分を含む。

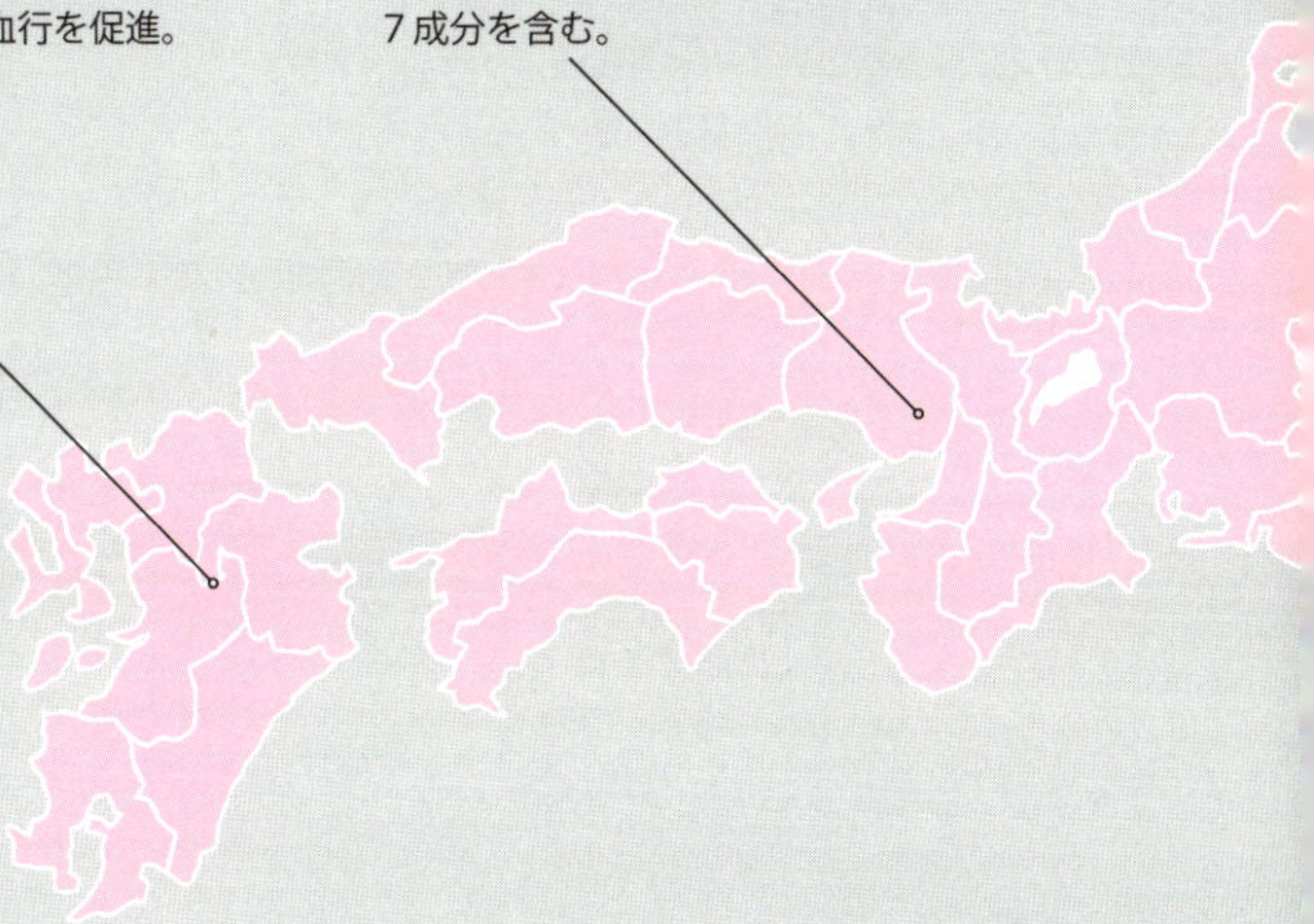

もいいですし、泥つき野菜を使って料理をするのもおすすめ。鉢植えを置いておくだけでも菌取りになります。美肌と健康のために、できるだけ菌と触れ合う機会を増やしましょう。

週末旅というと、温泉旅行も定番ですが、菌取り目的であれば、泉質には注意を。日本の温泉の多くはアルカリ泉ですが、アルカリは肌のセラミドや脂肪酸といった油分と反応して膜を作るので、一見、ぬるっとうるおったように感じます。でもそれは、皮脂を分解しているということなので、乾いたらカサカサに。お風呂にひんぱんに入らなかった昔の人ならいざ知らず、ふだんから洗いすぎている私たちは、乾燥肌になる恐れもあります。そこで、行くなら弱酸性泉か、血行を促進する炭酸泉、貧血を改善する含鉄泉などがおすすめです。128～129ページを参考に、計画を立ててみてください。

CHAPTER

3

もっと知りたい菌のセカイ

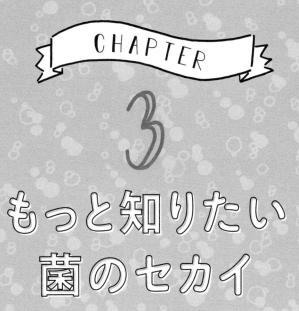

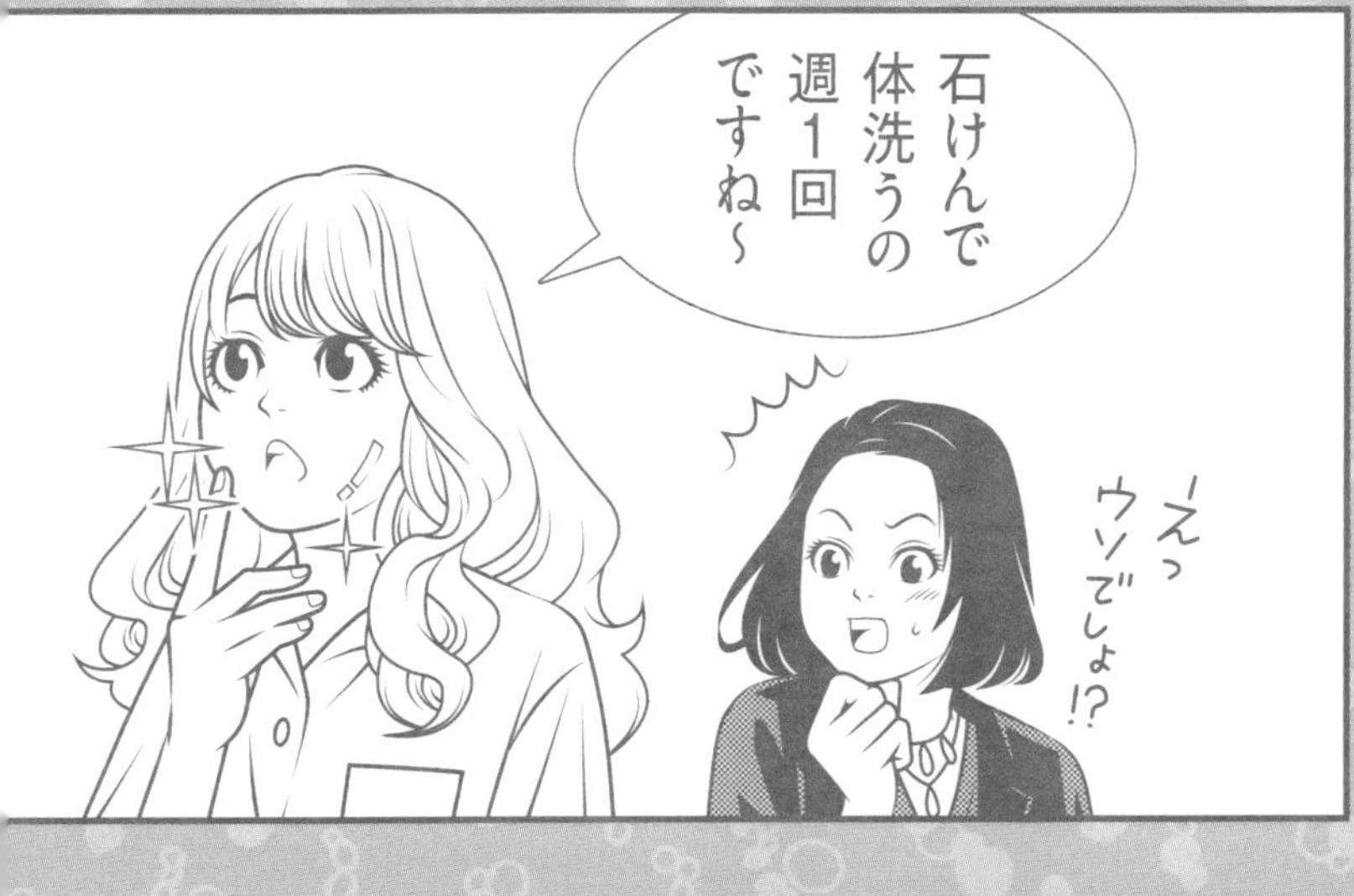
石けんで体洗うの週1回ですね～
えっウソでしょ!?

男女の相性は
お互いの常在菌によって決まる!?

私たちの生活は想像以上に菌の影響を受けている……？　ということで、菌の研究は年々さかんになってきて、近年、おもしろい事実や仮説も続々登場。なんと、「人の行動は菌にコントロールされている」という話もあります。

人は、お母さんの産道を通って生まれてくるときに初めて菌にさらされます。そのため赤ちゃんには最初はお母さんの常在菌しかいないので、他の人には人見知りするのだとか。その後お父さんや家族、地域の菌と触れ合って、徐々に常在菌の種類を増やしていきます。同じ部屋にいるだけで何十もの菌を交換しているそうです。

やがて異性とつきあうようになると、相手と密に菌を交換することになります。そのときに選ぶ相手は、自分と同じタイプの菌を持つ人を選びがちなのだとか。菌の目的は自分たちの仲間を増やし、陣地を広げることですから、未知の菌は警戒し、今まで触れ合った経験のある菌なら安心するのかもしれません。同じ出身地の人と結婚する人が多いのは、文化や習慣に共通点があるからだけでなく、菌レベルで相性が良いのかも？　さらに、よく「虫の知らせ」と言いますが、あれも実は「菌の知らせ」だという説もあります。奥さんが旦那さんの浮気にすぐ気づくのは、見知らぬ菌との遭遇で菌が警戒警報を出しているからかもしれないのです。

その常在菌たちは、自分たちの棲みやすい環境を維持するため、宿主の生活や趣味・嗜好をコントロールしているとも言われています。たとえば、食生活。油物が好きな人は、アルカリ性の環境を好む常在菌をたくさん持っているので、菌が油物を摂らせているという説が。同様に、若い頃ダメ男とつきあっていた人は、ダメ男が飼っていがちな菌を持っているので、その後もずっとダメ男を選んでしまうのだとか……？

もしもそうだとすると、婚活するよりも菌活して良い菌をたくさん飼うことが、幸せなゴールへの近道かもしれません⁉

気になる足のニオイ ブーツのニオイも常在菌次第

朝から仕事で1日じゅう歩き回り、へとへとになって帰宅して靴を脱いだとたん……ぎゃーーー！　足って、どうしてあんなニオイがするんでしょうね？

足の裏や手のひらは皮脂腺がなく、汗腺しかないのでそもそもアルカリ性に傾き悪玉菌が発生しやすい場所。さらに、汗が靴で密閉されると重炭素イオンが発生し、一気にアルカリ性に傾いてしまいます。すると、黄色ブドウ球菌を始めとする悪玉菌たちが優勢に。おまけに足には、彼らの大好物のエサ、角質がたっぷり。それで、悪玉菌たちの天下になってしまうというわけです。

体のほかの場所にはあまりいないのに、足に特に多い菌が、ミクロコッカス菌、バ

シラス菌、コリネバクテリウム。彼らはいわばイヤ〜なニオイを出すチンピラ3兄弟。他に、真菌、水虫菌、枯草《こそう》菌もいて、彼らが作り出す物質が入り混じって、あの、独特の強烈なニオイとなるのです。

対策としては、よく言われることですがまず第一に風通し。**1日履いた靴は菌まみれになっているので2日続けて履かずに、必ず一度乾燥させましょう。**履いてすぐ靴箱にしまうのもNG。そして、菌のエサとなるかかとや爪の周りの角質のケアを、ときどきしてあげると良いでしょう。ただし、角質は取りすぎると皮膚が弱くなり危険なので、やすりがけやベビーフットは避けて。**スクラブを使うなら、塩の商品だと乾燥してしまうので、シュガースクラブ**[※19]**がおすすめです。**

カサ子さんの足は
のチンピラ三兄弟が
大増殖している

ごちゃごちゃうるさいわね!

※19 ココナッツオイルとココナッツシュガーから作られたブラウンシュガー1stのスクラブなら、肌荒れを防ぎながら角質ケアもできます。くすみが気になるひじやひざにも。

良い菌も殺しちゃうから抗生物質は飲まないほうがいい？

私たちの周りにいる数えきれないほどの菌やウイルス。ふだんは意識することもありませんが、体力が落ちて皮膚のバリア機能が弱ったり、粘膜が荒れたり、免疫が弱ったりすると、とたんに体内に侵入してきて定着・増殖し、私たちの体に悪いものを作り出したり、体の組織を破壊したりします。これが「感染」した状態です。

たとえば、緑膿菌に感染すると敗血症になったり、黄色ブドウ球菌がＭＲＳＡを起こしたり。命にかかわることもありますから、菌に感染したら抗生物質を使って菌を倒すのが第一。ですが、**必ずしも感染すなわち抗生剤、ではないので要注意です。というのは、抗生物質が効くのは菌だけで、ウイルスには効かないから。**

風邪を引くと医院で抗生物質を処方されることがありますが、私たちがかかる一般的な風邪は、9割がウイルス性。ですから、抗生物質を飲んでも意味がないばかりか、善玉菌を殺してしまって下痢や嘔吐などの副作用を引き起こしたり、強い菌だけが生き残って悪性の病気になったり、長く使い続けることで「耐性菌」を生み出したりと、逆効果になる恐れが高いのです。

ちなみに、風邪で受診したのに「肺炎予防で抗生物質出しときますね」というお医者さんがいますが、最近では肺炎予防の効果もないことが、さまざまな研究から明らかになってきました。もちろん、子供がよくかかる溶連菌感染症や中耳炎など、明らかに菌が原因の症状であれば、その菌に効く抗生剤を使って治療するのがベストですが、一般的な風邪の症状の場合は、むやみに抗生剤を使わないようにしましょう。

結局、風邪にいちばん良いのは、よく休んで体力を消耗しないようにし、発熱してウイルスと闘うこと。私たちの体に備わった超優秀な免疫システムにおまかせし、「白血球、がんばれ！」と応援しながら、温かくして寝るのがいちばんです。

ナチュラル派の『ノー石けん入浴法』『朝シャン』って結局どうなの？

お肌を弱酸性に保つために洗顔しすぎないで、とお伝えしてきましたが、それは体も同様です。私も1週間に1回ほど弱酸性ソープで洗うだけで、他の日はお湯で流すか、シュガースクラブでひざをちょっとこするくらい。すごく汗をかいた日は洗うこともありますが、ほぼＮＯ石けんでお肌の調子は上々。むしろ必要な角質を取らないおかげで、垢などの汚れも少ない気がします。毎日洗わないと気持ち悪いという人は、ビオレなどの弱酸性ソープで腋《わき》、股など気になるところだけ洗いましょう。

ただ、頭はシャンプーで洗髪を。というのは、頭は皮脂腺の数が体の10倍以上あり、湿度も高いので菌が繁殖しやすいから。ニオイのもととなりますし、皮脂が毛穴に流れ込んで詰まり、髪の毛が弱くなる原因になります。特に男性は、皮脂が女性の1・5倍くらい出るので、シャンプーは必須。女性で、「私はよく運動しているし、合成物を食べず、循環が良いので悪い菌はいません！」という人なら、皮脂がほどよく天然トリートメントとなってくれるので「湯シャン」でOKかもしれませんが、反対に乾燥の恐れがあります。いずれにしろ、**男女ともに40歳を過ぎると加齢物質のノネ[※20]ナールを分泌するので、やはり2日に1回は洗うのがおすすめです。**

ちなみに、シャンプー後のリンスやトリートメントは、しっかり洗い流して。髪に油が残ると、ごわついたり、汚れがつきやすくなります。しっかり流しても有効成分は残るので、ご安心ください。

石けんで体洗うの週1回ですね〜
えっ ウソでしょ!?
正解！詳しくはP71をおさらいしよう！
毎日洗えばいいのに

※20　年齢を重ねて肌の乾燥が進んだら皮脂を出すため食事で油分をとることは大切。ただし動物性の油は加齢臭の原因。肉食女子は注意！　良質な植物性の油がおすすめ。

抗酸化作用アリの「最強食材」でエイジングケア

シミ、シワ、たるみなど、老化に伴うお肌の衰えは全女性共通の悩み。それらに効く新成分配合！　と言われれば、試してみたくなるのが乙女心ですよね。

最近特に大きな注目を集めているものの一つが、鮮やかな〝赤〟が印象的なアスタキサンチンを配合したコスメ。老化は体が酸化することから始まりますが、アスタキサンチンはビタミンＣの６０００倍、コエンザイムＱ10の８００倍の抗酸化力を持つと言われ、**体を老化させる活性酸素の働きを抑えてくれるだけでなく、抗炎症作用、美白効果もあり、アンチエイジングに最適の成分と目されているのです。**

そこで妙齢女子なら、ぜひ積極的に取り入れたいところですが、育菌的には、あれもこれもと肌にのせるのはやはりあまりおすすめしません。アスタキサンチンは、食べ物に含まれる成分ですから、外からプラスするより、せっかくならおいしく食べて、体のなかから抗酸化していきましょう。

アスタキサンチンは、エビやカニなど加熱すると赤くなる甲殻類が持つ赤い色素で、たらこ、いくらなどにも含まれています。殻もまるごと食べられる小エビなどで摂るのも良いですが、たっぷり摂りたいときは鮭がおすすめ。鮭は、本来は白身のお魚なのですが、世界の海を回遊して生まれた川に戻り、産卵するという過酷な生活に耐えられるよう、オキアミなどを食べてアスタキサンチンを体に溜め込みます。結果、あのようなきれいなピンク色の身をしているのです。

ちなみに私は、秋になると週に4〜5回は鮭を食べるようにしています。焼いたり、鍋にしたりも良いですが、お手軽でおいしいのはホイル焼き。きのこをたっぷり加えれば、きのこについた多様な菌に触れて「菌取り」になりますし、食べれば、食物繊維豊富なので腸内細菌も大喜び。鮭の一生を思い、感謝しながら、素敵な成分・アスタキサンチンをたっぷり摂りましょう。

冬でもスッピンはNGです！
紫外線は百害あって一利なし

紫外線は、細胞のＤＮＡに傷をつけて根底から破壊する、お肌の最強の敵。紫外線を浴びて生成されたメラニンは、通常は垢となって剥がれ落ちますが、加齢などでターンオーバーが間に合わなくなると肌に残り、シミとなっていきます。また、紫外線によって発生した活性酸素は、コラーゲンやエラスチンといった、お肌のみずみずしさを作るタンパクを破壊し、シワやたるみなど老化現象を加速！　**昔は、紫外線を浴びないとビタミンＤが不足すると言われていましたが、最近の研究では、手の甲に10分当てれば十分なのだそう。また、室内にいても紫外線は浴びられるので、10分ほどカーテンを開けるだけでＯＫ。**むしろ、それだけ影響が強いので、まったく外

に出ない日でも、朝起きてすぐの日焼け止めを習慣にしましょう。
日焼け止めは、炎天下でのレジャーなどでなければ、SPF 20～30の乳液タイプのもので十分。汗をかかない日は、お湯で落ちるタイプであれば、肌への刺激も強くはありません。ただし、汗をかく日はこまめな塗り直しが必要なので普通の日焼け止めがおすすめ。

＼RECOMMEND／

低刺激日焼け止め！

虫よけ効果もプラス

【アロベビー】
UV&
アウトドアミスト
お湯で落ちるので専用クレンジングは必要なく、赤ちゃんにも安心。
SPF15 PA++ 相当 80ml
¥2,350 ／ N&O Life

ぬるま湯でオフできる

【ノエビア】
レイセラ ミルキーベビー UV
白浮きせず、なめらかな使い心地。パラベン、アルコール不使用。
SPF28 PA+++ 45g
¥3,000 ／ノエビア

肌色を自然な明るさに補整

【ミノン アミノモイスト】
ブライトアップベース UV
乾燥肌にも使え、紫外線による乾燥も防ぐ。合成着色剤不使用。
SPF47 PA+++ 25g
¥1,600（編集部調べ）
／第一三共ヘルスケア

乳酸菌、麹菌、納豆菌……良い菌を食べると美肌になる理由

皮膚常在菌は美肌作りのサポーターですが、彼らと同じく深い関係といえるのが、腸内常在菌です。

腸内常在菌は約1000種類もいるといわれ、皮膚常在菌と同じように、善玉菌、悪玉菌、日和見菌と、大きく3つに分けることができます。

ビフィズス菌や乳酸菌といった善玉菌は、食べ物を分解して消化吸収を助けたり、酸性の物質を出して病原菌をやっつけたり。ウェルシュ菌、大腸菌（有毒株）などの悪玉菌は、発がん性や毒性を持つ腐敗物質を作ったり、臭いニオイを発生します。そしてレンサ球菌やバクテロイデスといった日和見菌は、体の抵抗力が落ちたときなど

に腸内で増え、病気の原因となります。

腸内環境はこれらの菌のパワーバランスで成り立っており、良い環境だと、排便もスムーズ、体調も良好&お肌もピカピカになるのですが、バランスが崩れると排泄がうまくいかずに腸内が汚れ、食べた物を消化吸収できず、体調不良を起こしたり、肌荒れや吹き出物、シワなどの肌トラブルを招きます。

そこでふだんから、腸内環境を良くする食べ物を積極的に摂るようにしましょう。ヨーグルト、ぬか漬け、チーズ、しょうゆ、味噌といった発酵食品は、腸内細菌を助けてくれるので、ぜひ毎日摂りたいところ。意外なところではキムチも発酵食品。ただし**乳酸菌は熱に弱いので、キムチ鍋をするなら、できあがり後に追加で加える「追いキムチ」をするのがおすすめです。また、デザートにはハイカカオチョコレートを。チョコレートも、発酵させたカカオ豆で作る発酵食品です。**

ただ、これらの食品を摂るとき、ちゃんと発酵させて作られていない、「なんちゃって発酵食品」にご注意を。キムチなら、だんだんと酸っぱくなれば乳酸菌が生きている証拠ですし、味噌も、冷蔵庫に入れておくとパンパンにふくらんでくるのが、発酵している味噌です。

\ RECOMMEND /

7

内側から菌をサポート「飲む美容」4選

妙齢女子は「塗る」だけでは片手落ち。
内側からのケアは美肌のためにマスト！

アロエベラから発見した
美容食品成分を配合☉

【アロエステ】
ヨーグルトドリンク

アロエベラから発見した美容食品成分「アロエステロール®」を配合したヨーグルト。毎日継続しやすいようカロリーを抑えた、脂肪ゼロタイプ。100g ¥148／森永乳業

野菜不足解消に
グリーンスーパーフード

【DIC スピルリナ】
スピルリナパウダー

タンパク質、ミネラル、ビタミンなど50種以上の健康・栄養成分を含む食用藻・スピルリナを粉末状にした栄養補助食品。野菜不足のときに、ジュースやスープに混ぜて。100g ¥1,574／DIC ライフテック

毎日飲んでいると
肌が断然変わります！

ビタミンCは美髪、
美爪にも欠かせない

甘酒

麹菌をはじめ、アミノ酸、ビタミンなど栄養素豊富でまさに飲む美容液。沸騰させない温度で、麹菌を生かしながら手作りするのが最強。１ヶ月で肌の水分量が変わり、ダイエット効果も。

レモン水

カットレモンを水に入れて作るレモン水は、ビタミンＣの補給に最適。ただし日中はレモンに含まれるソラレンがメラニンを活性化し、シミの原因に。陽が陰った夕方以降に飲むよう心がけて。

清潔にしすぎがアダとなる!?「アンダーケア」の正解とは

女性なら5人に1人は経験していると言われている、あの、かゆーい膣カンジダ。疲れて体力が落ちたり、ホルモンバランスが変化したり、抗生物質を使ったりといった、誰もが経験する日常のちょっとした体調変化によって起こる、重病ではないけれどとてもやっかいな病気です。膣カンジダを引き起こすカンジダ菌は、真菌というカビの一種でごくごくありふれた人体常在菌。そのおとなしく弱い菌が、何かのきっかけで大暴れしてしまうのですね。

そもそも膣のなかというのは、湿気も栄養もあり、細菌が繁殖しやすい環境になっています。生理の経血やおりものは栄養たっぷりですし、肛門付近には大腸菌などの

雑菌もうようよ。そこで、デーデルライン桿菌《かんきん》という菌が上皮細胞に含まれるグリコーゲンを分解して酸性物質を作り出し、膣内を酸性にして雑菌の繁殖を防ぐのと同時に、粘膜に存在する抗菌ペプチドが雑菌が粘膜に侵入しないよう、目を光らせています。これが膣の自浄作用です。ところが、体調変化によって自浄作用が弱まると膣内がアルカリ性に傾き、とたんにカンジダ菌などが暴れ出すというわけです。

最近は、ビデで膣内洗浄するのも一般的になってきましたが、**洗いすぎてデーデルライン桿菌を流してしまうことで膣内がアルカリ性になって膣カンジダを起こす場合も。**膣だけでなく、鼻のなかなど、人体への入り口となる粘膜にいる菌は、悪いものが入ってくるのを防ぐ大事な門番ですから、洗浄しすぎたり消毒したりするのはNGです。

もともと、膣周辺のエリアは、角質が薄く、とてもデリケートな場所なので、摩擦やVIO脱毛など強い刺激はなるべく避けたほうが無難。また、加齢による粘膜の乾燥が気になり始めたら、膣専用ソープなどで膣ケア[※21]を始めましょう。そしてなんといっても、まずは、よく寝て体調を整えるのが第一ですね。

※21　膣内洗浄や膣クリームなど過度なケアは膣の自浄作用のバランスを崩す恐れがありNG。膣専用ソープは洗浄力がやさしいので、育菌的には○です。

おわりに

見えないけれど、確実に存在する皮膚常在菌くんたちの世界はいかがでしたか？　厳しいようでやさしくていつも一生懸命なヒョウくんや天真爛漫で甘え上手なあっくんが、日々私たちの肌のために悪戦苦闘してくれている様子を少しでも身近に感じていただけたらうれしいです。

仕事が忙しかったり、子育てに追われていたり、ただただ毎日に疲れていたり……美容に向かう気持ちになれない日だって人生にはたくさんあります。

私も、仕事を持つ母を23年間やっています。

子供が具合の悪い日もあれば、仕事でトラブルがある日もあるし、大切な仕事と子供の行事が重なったりして、眠るまで一度も座れない日もたくさんありました。

お風呂だって、ゆっくり入ることができるようになったのは最近で、入浴しながらゆっくりパックなんて夢のまた夢。「このままカサカサになるわけにはいかない！」と、子供も塗ることができるオイルを使って一緒に保湿して浴室を出ていました。

そんな日々を過ごしながら皮膚や化粧品について学び、「なんだ。これでいいんじゃん」にたどり着いたのは本書の通り。無理せずできることを実践していますし、むやみに高級な化粧品を買うこともなくなりました。お財布にだってやさしくないですしね！　忙しいお母さんは子供と一緒の保湿でいいし、疲れた夜は高級美容液よりもリラックスしてゆっくり眠ることが必要なんです。

この本が、肌にいまいち自信が持てなかった方、正しい肌育成方法がわからなくて悩んでいた方、忙しい毎日をがんばるすべての方にとって最高の美容サポートとして役に立つことができますように。

きれいな肌は、それだけで自信につながります。健康的な肌ツヤは、メイクの美しさをさらに際立たせます。ヒョウくんやあっくんとともに「肌本来の美しさ」をゆっくり育成してみてください。

最後に、たどたどしい私の言葉や文章をこんな素敵な一冊に仕上げてくださったワニブックスのみなさんに心より感謝いたします。

２０１９年１月　肌育成スペシャリスト　川上愛子

STAFF

漫画	しおざき忍
デザイン	bitter design
構成+漫画脚本	小嶋優子
DTP	坂巻治子
校正	深澤晴彦
マネジメント	北村朋子（SDM）
編集	高木沙織
編集統括	吉本光里（ワニブックス）

皮膚常在菌ビューティ！

著者　川上愛子
2019年3月10日　初版発行

発行者　横内正昭
編集人　青柳有紀
発行所　株式会社ワニブックス
〒150-8482　東京都渋谷区恵比寿4-4-9　えびす大黒ビル
03-5449-2711（代表）
03-5449-2716（編集部）
ワニブックスHP　http://www.wani.co.jp/
WANI BOOKOUT　http://www.wanibookout.com/

印刷所　株式会社 光邦
製本所　ナショナル製本

定価はカバーに表示してあります。

落丁本・乱丁本は小社管理部宛にお送りください。送料は小社負担にてお取替えいたします。

ただし、古書店等で購入したものに関してはお取替えできません。


ISBN978-4-8470-9776-8